Sepp und Marc Brandl

Nationalpark Hohe Tauern Nord

Großglockner – Sonnblick – Großvenediger – Wildkogel

56 ausgewählte Wanderungen

ROTHER BERGVERLAG

Vorwort

Die beiden Begriffe »Nationalpark« und »Hohe Tauern« üben auf viele Berg- und Naturfreunde eine Signalwirkung aus, denn sie verbinden damit eine einzigartige, schützenswerte Landschaft in einer der bedeutendsten Hochgebirgsregionen der Ostalpen mit riesigen Gletschern und den zwei bekanntesten Bergen Österreichs, dem Großglockner und dem Großvenediger. Das Tourengebiet dieses Wanderführers umfasst den Ostsaum der Zillertaler Alpen, die Nordseite der Hohen Tauern zwischen Gerlospass und Großglockner-Hochalpenstraße, dazu noch die Berge um den Wildkogel und die Resterhöhe, die einen großartigen Einblick in den westlichen Teil des Nationalparks Hohe Tauern gewähren. Der östliche Teil des Nationalparks wird im Rother Wanderführer »Gasteinertal« vorgestellt.
Bei der Gestaltung dieses Büchleins wurde das interessanteste, für den Wanderer gangbare, gletscherfreie Terrain aus der Gesamtfläche herausgefiltert und sowohl in Tagestouren als auch in mehrtägigen Unternehmungen aufbereitet. Wenn sich auch die Welt der vergletscherten Dreitausender dem Wanderer nur am Seil eines Bergführers oder erfahrenen Alpinisten erschließt, so findet er doch abseits des »ewigen Eises« sowohl im Vorfeld als auch in den Kern- und Außenzonen des Nationalparks ein überaus reiches Betätigungsfeld. Dazu zählen die Täler der Tauern-Nordseite mit der jahrhundertealten, von Menschenhand gestalteten Kulturlandschaft der Almen, dazu zählen Hüttenwege und gletscherfreie Jöcher, zahlreiche stille Bergseen und eine Reihe von Gipfeln, darunter sogar einige Dreitausender. Weder Wort noch Bild vermögen die Schönheit und Vielfalt des Nationalparks ausreichend darzustellen. Wer davon einen umfassenden Eindruck gewinnen will, muss die Wanderstiefel schnüren und in dieses Urland der Hohen Tauern hineinwandern. Auf dem Weg in die bis zu 20 km langen Tauerntäler stehen Nationalpark-Taxis bereit, manche Touristen benutzen auch ein Rad. Besonders nachhaltige Eindrücke gewinnt auf den Wanderungen, wer sich die Freude am Entdecken und Staunen aus Kindestagen bewahrt hat und auch dem einheimischen Menschen in seinen Bräuchen und in seinem täglichen Schaffen mit Aufgeschlossenheit und Verständnis begegnet; denn im Nationalpark Hohe Tauern erleben wir nicht nur eine schützenswerte Landschaft, sondern bekommen auch ein Bild vom Leben der Menschen in den vergangenen Jahrhunderten bis zur Gegenwart. Mit Fachliteratur und einem vielfältigen Exkursions- und Veranstaltungsprogramm für alle Altersstufen machen die Nationalparkgemeinden ihren Gast sowohl mit der Schönheit und den Zielen des Nationalparks als auch mit kausalen Zusammenhängen in der Natur und vielem anderen vertraut. Einen bescheidenen Beitrag dazu versucht auch dieser Wanderführer zu leisten.

Niederndorf, im Sommer 2022 — Sepp und Marc Brandl

Inhaltsverzeichnis

Westendorf
Hahnenkamm
Staudach
Unteraurach
Holzham
Vorderwindau
Gampenkg.
Kelchsau
(790)
Usterberg
Haberberg
Wiesenegg-Grüntal
Aschau
(1013)
Jochberg
Schwaigberghorn
Ghf. Steinberghaus
Pengelsteinhaus
Bochumer Hütte
Erlahütte
Gamskogel
Großer Rettenstein
Pass Thurn
Neue-Bamberger-Hütte
Salzachgeier
Kröndlhorn
Salzachjoch
Jochberg
Mayrhofen
Obermühlbach
Dorf
Grubing
Rettenbach
Mittersill
Bramberg am Wildkogel
Bicheln
Hollersb.
Mühlbach
Klausen
Wildkogelhaus
Mitter-hohenbramberg
Wenns
Reitlehen
Edelweißhaus
Wald i. Pinzgau
Neukirchen am Großvenediger
Weyer
Habach
Gerlospass
Lahn
Rosental
Schönbach
Vorderkrimml
Hochkrimml
Sulzau
Schaubergwerk Hochfeld
Krimml
(1067)
Gerlosstraße
Schößwendklamm
Finkaualm
Ghf. Schönangerl
Krimmler Wasserfälle
Gasthof Edelweiß
Hütteltalkopf
Wh. Berndlalm
Gasthof Alpenrose
Leiterkogel
Neue Thüringer
Neue Fürther Hütte
Tauernkg.
Zittauer Hütte
Reichenspitze
Wh. Postalm
Krimmler-Tauernhaus
Richter Hütte
Plauener Hütte
Innergschlöß
Kürsingerhütte
Neue-Prager-Hütte
Venedigerhaus
Großvenediger
Matreier Tauernhaus
Venediger
Birnlücke
Warnsdorfer Hütte
Defregger Haus
Krimmler Tauern
Birnlückenhütte
Badener Hütte
Dreihermsp.
Johannishütte
Hoher Eichham
Essener-Rostocker Hütte
Prettau Predoi
Lenkjöchhtt.
Sajathütte
Bonn-Matreier-Htt.
Rötspitze
Lenkspitze
Bichl
Clarahütte
Prägraten a. Großvenediger
Wallhorn
Obermauern
Zedlach
Virgen
Kitzbühler Alpen
Venediger Gruppe

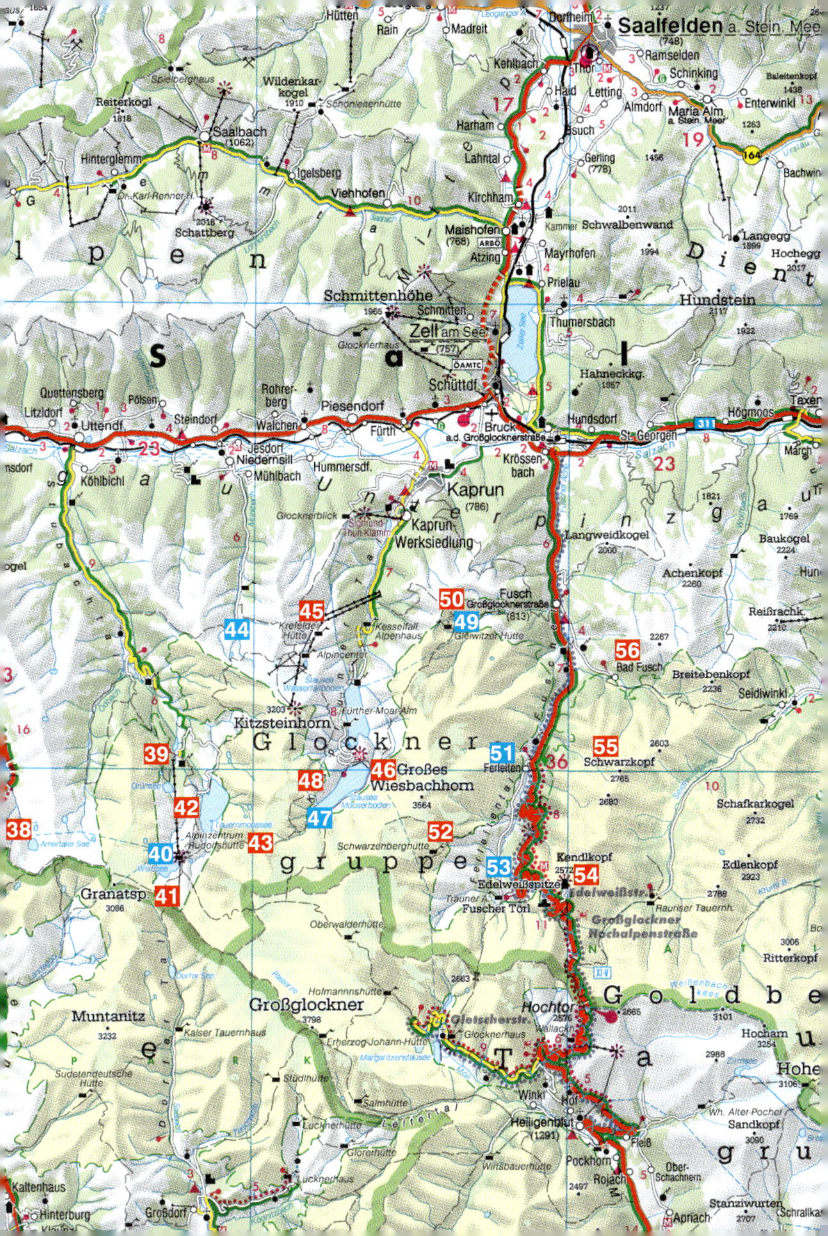

Saalfelden a. Stein. Meer
Ramseiden
Schinking
Maria Alm a. Stein. Meer
Enterwinkl
Almdorf
Letting
Thor
Haid
Dorfheim
Kehlbach
Madreit
Rain
Hütten
Bachwinkl
Langegg
Hochegg
Hundstein
Schwalbenwand
Kammer
Mayrhofen
Prielau
Maishofen
Atzing
Kirchham
Lahntal
Harham
Gerling
Esch
Saalbach
Hinterglemm
Reiterkogl
Spielberghaus
Wildenkarkogel
Schönleitenhütte
Igelsberg
Viehhofen
Schattberg
Dr.-Karl-Renner-H.
Schmittenhöhe
Schmitten
Zell am See
Glocknerhaus
ÖAMTC
Schüttdf.
Thumersbach
Hahneckkg.
Taxen
Högmoos
Hundsdorf
St. Georgen
März
Bruck a.d. Großglocknerstraße
Krössenbach
Piesendorf
Fürth
Walchen
Rohrerberg
Steindorf
Pölsen
Quettensberg
Litzldorf
Uttendf.
Jesdorf
Niedernsill
Mühlbach
Hummersdf.
Köhlbichl
Kaprun
Kaprun-Werksiedlung
Glocknerblick
Sigmund-Thun-Klamm
Langweidkogel
Baukogel
Achenkopf
Reißrachk.
Fusch Großglocknerstraße
Gleiwitzer Hütte
Kesselfall Alpenhaus
Krefelder Hütte
Alpincenter
Bad Fusch
Breitebenkopf
Seidlwinkl
Fürther-Moar-Alm
Kitzsteinhorn
Glockner
Großes Wiesbachhorn
Ferleiten
Schwarzkopf
Schafkarkogel
Stausee Mooserboden
Tauernmoossee
Alpinzentrum Rudolfshütte
Weißsee
Amertaler See
Schwarzenberghütte
Kendlkopf
Edlenkopf
Edelweißspitze
Edelweißstr.
Rauriser Tauernh.
Fuscher Törl
Großglockner Hochalpenstraße
Granatsp.
Oberwalderhütte
Ritterkopf
gruppe
Hofmannnshütte
Großglockner
Gletscherstr.
Glocknerhaus
Hochtor
Wallack
Goldberg
Hocharn
Hohe
Muntanitz
Kalser Tauernhaus
Erzherzog-Johann-Hütte
Margaritzenstausee
Sudetendeutsche Hütte
Stüdlhütte
Salmhütte
Winkl
Hof
Heiligenblut
Wh. Alter Pocher
Sandkopf
Lucknerhütte
Leitertal
Glorerhütte
Wirtsbauerhütte
Pockhorn
Rojach
Fleiß
Ober-Schachnern
Stanziwurten
Schrallkar
Apriach
Lucknerhaus
Kaltenhaus
Hinterburg
Großdorf
Salzach
Zeller See
Pinzgau
Dient
311
164
17
19
23
36
38
39
40
41
42
43
44
45
46
47
48
49
50
51
52
53
54
55
56

Touristische Hinweise

Anforderungen

Die meisten Wanderungen verlaufen auf gut instand gehaltenen Wegen und Steigen. Dies sollte jedoch nicht darüber hinwegtäuschen, dass manche Passagen Trittsicherheit und Schwindelfreiheit erfordern. Vor allem ist zu bedenken, dass einige Touren in einer Höhe verlaufen, die über den meisten Gipfeln der Nördlichen Kalkalpen liegt. Hier hält sich der Schnee oft bis in den Hochsommer und das Gelände ist bei Wetterumschlag in besonderer Weise der Kälte und dem Wind ausgesetzt. Diese Touren kann der Wanderer nur bei sommerlichen Bedingungen etwa von Juli bis Mitte September durchführen; er sollte sie auch sorgfältig auswählen und vorbereiten. Touren, die auch für Familien mit Kindern geeignet erscheinen, sind durch ein Symbol gekennzeichnet; die letzte Entscheidung müssen hier aber die Eltern treffen. Ganz allgemein gilt, dass die Wanderungen im Frühsommer und nach längerer Schlechtwetterperiode infolge von Altschneefeldern bzw. Nässe oder gar Vereisung erhöhte Schwierigkeiten aufweisen können. Um die technischen Anforderungen besser einschätzen und vergleichen zu können, wurden die Nummern der einzelnen Tourenvorschläge mit drei verschiedenen Farben markiert, wobei die Übergänge zwischen den einzelnen Schwierigkeiten (Farben) fließend sind und eine eindeutige Zuordnung nicht immer möglich ist. Soweit sich die Farbe nur auf das Teilziel einer Wanderung bezieht, ist darauf verwiesen. Die physische (konditionelle) Belastung auf einer Tour ist aus dem im Beschreibungskopf ablesbaren Höhenunterschied zu entnehmen.

Abkürzungen und Symbole

AV	Alpenverein		mit Bahn/Bus erreichbar
B.	Betten		Einkehrmöglichkeit
bew.	bewirtschaftet		für Kinder geeignet
CAI	italienischer Alpenverein		Ort mit Einkehrmöglichkeit
Ghs.	Gasthaus		Einkehrmöglichkeit, Schutzhaus
gj.	ganzjährig		Unterstand
Hm	Höhenmeter	P	eingerichteter Parkplatz
Jst.	Jausenstation		Seilbahn / Sessellift
L.	Lager	†	Gipfel
»rot«	Schwierigkeitsangabe	)(	Pass, Sattel, Scharte
TV	Tourismusverband		Kirche, Kapelle, Marterl / Bildstock
Ww.	Wegweiser		Wasserfall

Großglockner (links) und Glocknerwand (rechts) bei Sonnenaufgang.

Die Farben »blau« – »rot« – »schwarz« erklären sich wie folgt:

Leicht Die Routen sind gut markiert und ausreichend breit, sie verlaufen aber nicht nur auf Straßen und befestigten Wegen, sondern auch auf holperigen Alm- und Waldsteigen, die unter normalen Bedingungen auch von Kindern und rüstigen Senioren ohne große Gefahr bewältigt werden können.

Mittel Diese Steige sind ausreichend markiert, überwiegend aber schmal und über kurze Abschnitte bereits etwas ausgesetzt. Kurze Strecken dieser Steige können bereits mit Drahtseilen abgesichert sein und sollten daher nur von trittsicheren, mit entsprechender Ausrüstung ausgestatteten Bergwanderern begangen werden.

Schwierig Diese Steige sind ebenfalls ausreichend markiert, aber schmal und über weite Abschnitte steil angelegt. Stellenweise können sie sehr ausgesetzt sein, manchmal wird die Zuhilfenahme der Hände notwendig. Dies bedeutet, dass diese Wege nur von schwindelfreien, absolut trittsicheren und alpin erfahrenen Wanderern angegangen werden sollten.

GPS-Tracks und Koordinaten der Ausgangspunkte

Zu den Hauptrouten sämtlicher Touren stehen auf www.rother.de GPS-Tracks und Koordinaten der Ausgangspunkte zum kostenlosen Download bereit. 7. Auflage, Passwort: **412608gEs**
Die Tracks wurden überwiegend mithilfe von Karten erstellt. Verlag und Autoren haben die Daten nach bestem Wissen und Gewissen überprüft. Dennoch können Fehler oder Abweichungen nicht ausgeschlossen werden, sodass gutes Kartenmaterial jede Bergtour zusätzlich begleiten sollte.

Karten

Eine genaue Charakteristik und Beschreibung der Wanderwege, die durch eine Karte im Maßstab 1:50.000 bzw. 1:75.000 mit eingezeichnetem Routenverlauf ergänzt wird, macht weiteres Karten- und Informationsmaterial überflüssig. Da aber die bei vielen Wandervorschlägen angebotenen Varianten und die im Anhang aufgelisteten mehrtägigen Rundtouren und Durchquerungen in den Kärtchen oft nur unvollständig enthalten sind, werden die Wanderkarten 121 »Großvenediger, Oberpinzgau«, 120 »Großglockner, Sonnblick, Kaprun, Zell am See« und 123 »Matrei, Defereggen, Virgental« von Freytag & Berndt zur Ergänzung empfohlen. Auch die AV-Karten Nr. 34/1, 34/2, 35/3, 36, 39 und 40 decken im Maßstab 1:50.000 bzw. 1:25.000 das Wandergebiet ab.

Unterspülte Altschneefelder, eine Gefahrenquelle (Walcherkessel, Tour 51).

Gefahren

Obwohl die meisten Wanderungen dieses Führers Wegen oder Straßen folgen und die Routen im Jahr der Drucklegung gut markiert waren, ist an einigen abrutschgefährdeten Stellen, bei Querung von Steilhängen oder hart gefrorenen bzw. unterspülten Altschneefeldern sowie im steinschlaggefährdeten Gelände erhöhte Vorsicht am Platze. Ein weiteres Gefahrenmoment ergibt sich durch Nässe, Schnee und Vereisung, Gewitter und Auskühlung durch Wind. Verschlechtert sich das Wetter auf einer Tour deutlich, so ist Mut zur Umkehr erforderlich. Bei unzureichender Kondition sollte man sich mit einem Teilziel zufriedengeben, wie es bei fast allen Wandervorschlägen angeboten ist.

Ausrüstung

Festes Schuhwerk mit kantiger Profilsohle, eine der Witterung und Höhe angepasste, zweckmäßige Kleidung, Rucksack mit Pullover, Mütze, Handschuhen, Anorak, Regen- und Sonnenschutz, Proviant und reichlich Flüssigkeit (kein Alkohol!), Verbandszeug und Handy werden zur Mitnahme empfohlen.

Gehzeiten

Die zu den einzelnen Teilstrecken angegebenen Gehzeiten sind reichlich bemessen, sie liegen bei 300 bis 400 Hm/Std. für den Aufstieg und unter 600 Hm/Std. für den Abstieg; sie beinhalten nicht die erforderlichen Rastpausen.

10 Top-Touren

Oberer Gerlossee und Roßkopf

Eine gewaltige Hochgebirgskulisse und viele kleine Wunder am Weg vom Unteren über den Oberen Gerlossee zum Roßkopf (Tour 2, 3.00 Std., »rot«).

Krimmler Wasserfälle

Ein gigantisches Naturschauspiel mit Europäischem Naturschutzdiplom, das auf gut ausgebauten Wegen die Urgewalt des Wassers mit allen Sinnen erfahrbar macht (Tour 5, 3.00 Std., »blau«).

Richterhütte

Durch ein großartiges, von einer wilden Bergkulisse gesäumtes Hochtal zu einer traditionsreichen Hütte (Tour 8, 4.45 Std., »blau«). Für Geübte in Verbindung mit der gletscherfreien Richterspitze (Tour 9, 4.00 Std., »schwarz«).

Frühmesser und Steinkogel

Eine lange, abwechslungsreiche Kammwanderung über mehrere Gipfel mit begeisterndem Nationalpark-Panorama (Tour 15, 6.30 bis 7.00 Std., »rot«).

Kürsinger Hütte

Der Felsensteig durchs Klamml und die »uralte Majestät« des Großvenedigers mit seinen Gletschern faszinieren Jung und Alt (Tour 21, 5.15 Std., »rot«). Für Geübte in Verbindung mit dem Keeskogel (Tour 22, 4.30 Std., »schwarz«).

Larmkogel

Der gletscherfreie, attraktive Dreitausender ist sowohl von der Neuen Fürther als auch von der Neuen Thüringer Hütte ein lohnendes Ziel (Tour 32 und Rundtour 3, 4.00 Std., »rot«).

Tauernkogel

Der Hausberg der St. Pöltner Hütte ist ein Knapp-Dreitausender mit anspruchsvollem Zustieg und einer berauschenden Aussicht auf zwei Giganten, den Großglockner und Großvenediger (Tour 37, 3.15 Std., »schwarz«).

Über den Schafbichl

Der von spiegelnden Lacken und kleinen Seen besetzte Rücken bietet eine prächtige Aussicht auf stolze Eisriesen, schuttreiche Gletscherkessel und Stauseen (Tour 42, 6.00 bzw. 3.00 Std., »rot«).

Walcher-Hochalm

»Wasser-Erlebnisweg« entlang der Kaskaden des 700 m hohen Walcher-Wasserfalls in einen imposanten Bergkessel zwischen Hohem Tenn und Wiesbachhorn (Tour 51, 3.30 Std., »blau«).

Schwarzkopf

Ein Aussichtspunkt ersten Ranges vor den Paradegipfeln der Glocknergruppe, der konditionell hohe Anforderungen stellt (Tour 55, 7.30 Std., »rot«).

Einkehrmöglichkeiten

Die auf den Wanderrouten gelegenen Gasthäuser, Jausenstationen, bewirtschafteten Almen und Schutzhütten alpiner Vereine sind mit Betten- und Lagerzahl sowie Öffnungszeiten und Telefonnummern unter dem Stichwort »Einkehr« im Beschreibungskopf jeder Tour gesondert aufgeführt.

Verkehrswege und Verkehrsmittel

Ins Wandergebiet führt von München und Salzburg entlang der Salzach und Saalach ein gut ausgebautes Straßen- und z.T. auch Schienennetz. Der kürzeste Zugang von Norden (Deutschland) erfolgt über die Inntalautobahn sowie über Kitzbühel und den Pass Thurn nach Mittersill. Eine weitere Anreisemöglichkeit ergibt sich über die Inntalautobahn, das Zillertal und den Gerlospass. Der günstigste Zugang von Süden führt durch den Felbertauerntunnel, aber auch über die Großglockner-Hochalpenstraße. Wer auf öffentliche Verkehrsmittel angewiesen ist, gelangt mit einer Schmalspurbahn von Zell am See bis nach Bramberg bzw. Krimml. Diese Lokalbahn schafft bei Zell am See den Anschluss an die Westbahn von Salzburg nach Innsbruck und erledigt auch den Fahrradtransport zum Ausgangspunkt des beliebten Tauernradweges in Krimml. Als Dampfzug erfüllt die Schmalspurbahn zwischen Juli und September an einigen Wochentagen zugleich nostalgische Wün-

12 Tipps für Bergwanderer

- Sich auf einen Bergurlaub gezielt vorbereiten und mit Rücksicht auf die Umwelt in Gruppen oder mit öffentlichen Verkehrsmitteln anreisen.
- Im Quartier das geplante Tourenziel angeben. Im Tourismusbüro vor Ort sich über Öffnung der Hütten und Zustand der Wege erkundigen.
- Platz sparend und rücksichtsvoll parken, ggf. um Erlaubnis bitten.
- Sonnseitige Touren frühzeitig beginnen und genügend Flüssigkeit mitnehmen (keinen Alkohol!).
- Sich nicht überfordern. Bei gleichmäßigem Tempo nicht an der Leistungsgrenze gehen. Kurze Rast nach 2 Std. einlegen. Wanderstöcke sind am Berg eine wertvolle Hilfe.
- Markierte Wege nicht verlassen. Abstand zu Weidevieh halten. Gatter schließen, an Zäunen den Durchschlupf oder die »Hühnerleiter« benutzen. Keine Steine ablassen.
- Auf Alpenblumen und Tiere Rücksicht nehmen und sie unbehelligt lassen. Hunde an die Leine!
- Von der Ausrüstung bis zur Verpflegung auf Nachhaltigkeit achten.
- Allen Abfall wieder ins Tal mitnehmen.
- Wettervorhersagen und aktuelle Wetterentwicklung beachten, ggf. rechtzeitig umkehren. ORF 2, SAT 3 und Bayerisches Fernsehen zeigen am Morgen Panoramabilder mit Wetterprognose aus dem Wandergebiet. Im ORF-TEXT erhält man ganztags aktuelle Wetterwerte mit Wettervorhersage: Tafel 606 für Salzburg, 611 Sechs-Tage-Prognose, 612 Bergwetter.
- Bergrettung in Österreich Tel. 140, Notruf vom Handy aus: 112 (u.U. auch ohne SIM-/Wertkarte).
- Telefonvorwahl von Deutschland nach Österreich 0043, von Österreich nach Deutschland 0049, jeweils gefolgt von der Ortsvorwahl ohne die Null.

Hüttenwege im Nationalpark von unterschiedlichem Charakter. Links: Zur Zittauer Hütte (Tour 1, »blau«). Rechts: Durchs Klamml zur Kürsinger Hütte (Tour 21, »rot«).

sche. Einen unverzichtbaren Beförderungsdienst leisten die verschiedenen Buslinien der öffentlichen Hand im Salzachtal und in einigen Seitentälern. In die langen, für den allgemeinen Verkehr gesperrten Tauerntäler verkehren sog. Nationalpark-Taxis, das sind Kleinbusse privater Unternehmer bzw. der Hüttenwirte (siehe Seite 26). Auf den Routen der Zubringerdienste, den sog. Genossenschaftswegen, ist auch das Fahrrad geduldet und beim sportlich orientierten Wanderer auch recht beliebt. Auf Forststraßen besteht keine Fahrerlaubnis für Biker. Striktes Fahrverbot gilt auf allen Wanderwegen!

Bergbahnen

Bei einigen Touren wurden Bergbahnen als »Aufstiegshilfen« vorgeschlagen; die meisten verkehren nur in der Hauptsaison, etwa Juni mit September, manche auch noch an schönen Wochenenden bis Mitte Oktober. Aus aktuellem Anlass ändern manche Bergbahnen kurzfristig ihre Betriebszeiten. Um sich danach erkundigen zu können, sind deren Telefonnummern im Beschreibungskopf der jeweiligen Tour angegeben.

Talorte von A – Z und ihre Tourismusverbände

Die Talorte dieses Wanderführers liegen fast ausnahmslos am Oberlauf der Salzach und stellen sich als Nationalparkgemeinden vor. Sie verfügen über beachtliche Freizeitanlagen und -angebote wie Freibäder und Hallenbäder, Saunas, Solarien, Tennis-, Squash-, Minigolf-, Schieß- und Reitanlagen, Kinderspielplätze, Büchereien, Discos, Radverleih, Kegel-, Stock- und Rodelbahnen, Gleitschirm- und Drachenfliegen, Fischen, Rafting, mancherorts auch Golfplätze und anderes mehr. Sie werden in den nachfolgenden Steckbriefen der Talorte nicht mehr aufgeführt.

A – 5733 Bramberg am Wildkogel, 819 m

»Smaragddorf« im Salzachtal, Heimatmuseum mit Mineralienabteilung und Freilichtbezirk im Wilhelmgut, Pomarium (Obstbau), barocke Pfarrkirche. TV-Tel. +43 720710730, www.wildkogel-arena.at.

Schiachperchten (Bramberg).

A – 5671 Bruck an der Glocknerstraße, 755 m

Erholungsort südlich des Zeller Sees, Beginn der Großglockner-Hochalpenstraße, Camping, Bauernmarkt. TV-Tel. +43 6545 7295, Fax +43 6545 729513, www.grossglockner-zellersee.info.

A – 5672 Fusch an der Großglocknerstraße, 811 m

Erholungsort an der Nordrampe der Großglockner-Hochalpenstraße (geöffnet Mai bis Beginn des Bergwinters), Wildpark im Ortsteil Ferleiten vor der Mautstelle der Großglocknerstraße (Braunbären, Wölfe, Wisente, Luchse, kapitales Rotwild, Dam-, Gams- und Steinwild, Wildschweine, Waschbären, Eulen, Greifvögel u.a., geöffnet Mai bis Nov. von 8 Uhr bis Einbruch der Dunkelheit), Camping, Nationalparkhaus. TV-Tel. +43 6545 7295, Fax +43 6546 66626, www.grossglockner-zellersee.info.

Schmucker Bauernhof im Oberpinzgau (Bramberg).

A – 5731 Hollersbach, 806 m

Erholungsort im Salzachtal, Informations- und Dokumentationszentrum Klausnerhaus, Kräutergarten, Bienenlehrpfad, Bergbahn zur Resterhöhe. TV-Tel. +43 6562 8113, www.hollersbach.at.

A – 5710 Kaprun, 786 m

Erholungsort und Talort der Tauernkraftwerke mit Autobusverbindung zu den Stauseen vom Kesselfall Alpenhaus, Bergbahn zum Kitzsteinhorn und Maiskogel, Hochgebirgs- und Skischule, Museum im »Hetzhäusl«,Camping, alte Burganlage für kulturelle Darbietungen (Burgfest) restauriert. TV-Tel. +43 6542 770, www.zellamsee-kaprun.com.

A – 5743 Krimml, 1070 m

Erholungsort an berühmten Wasserfällen, Wasserwunderwelt bei der Mautstelle der Gerlosstraße, Endpunkt der Lokalbahn von Zell am See, mautpflichtige Gerlos-Alpenstraße, Ausgangspunkt des Tauernradweges, gotische Pfarrkirche, Denkmal und Geburtshaus des Salzburger Freiheitshelden Anton Wallner. TV-Tel. +43 6564 72390, www.krimml.at.

Altes, bäuerliches Schlafzimmer, eine museale Kostbarkeit.

A – 5730 Mittersill, 790 m

Zentraler Talort des Wandergebietes, Kreuzungspunkt einer wichtigen Nord-Süd- und Ost-West-Tangente, interessanter Marktplatz, Nationalparkzentrum und -verwaltung mit »Nationalparkwelten«, Felberturmmuseum als zweitgrößtes Heimatmuseum im Land Salzburg mit vielseitigen Ausstellungen, Felberkirche, barocke Pfarrkirche, Bauernmarkt, Schloss Mittersill, Camping. TV-Tel. +43 6562 4292, www.mittersill-tourismus.at.

A – 5741 Neukirchen am Großvenediger, 857 m

Erholungsort im Salzachtal und Ausgangspunkt in die Täler am Großvenediger, Kulturzentrum Tauriska, Samerhofstall, Schaubergwerk Hochfeld im Untersulzbachtal, Bergbahn zum Wildkogel. TV-Tel. +43 6565 6256 oder 6550, www.wildkogel-arena.at.

A – 5722 Niedernsill, 769 m

Erholungsort im Salzachtal, Badesee und Heimatmuseum. TV-Tel. +43 6548 8232, www.piesendorf.at.

A – 5721 Piesendorf, 782 m

Erholungsort im Salzachtal zwischen Zell am See und Mittersill, »Chinesenstadt« (1867 errichtete Sebastian Perfeller ein Dorf im chinesischen Baustil). TV-Tel. +43 6549 7239, www.piesendorf.at.

A – 5724 Stuhlfelden, 800 m

Erholungsort im Salzachtal östlich von Mittersill, Schloss Lichtenau, Heilbad Burgwies (Schwefel- und Eisenquelle). TV-Tel. +43 6562 4365.

A – 5723 Uttendorf/Weißsee, 804 m

Erholungsort im Salzachtal, Weißsee-Gletscherbahn vom Enzingerboden zur Rudolfshütte, Keltendorf am Steinbergbichl. TV-Tel. +43 6563 82790, www.uttendorf.com.

A – 5742 Wald-Königsleiten im Pinzgau, 885 m

Erholungsort am Fuß der alten Gerlospassstraße, Camping, Mineralienmuseum, Schaustollen, Planetarium und Sternwarte in Königsleiten. TV-Tel. +43 6565 82430.

A – 5700 Zell am See, 757 m

Bezirkshauptstadt, Hauptort der Europa-Sportregion und einer der bedeutendsten Fremdenverkehrsorte im Land Salzburg. Kurverwaltung Tel. +43 6542 770, www.zellamsee-kaprun.com.

Samer besorgten einst den Güterhandel über die Alpen.

Nationalpark Hohe Tauern

»Der Nationalpark Hohe Tauern«, so definiert die Informationsstelle im Obersulzbachtal das Schutzgebiet, »ist eine Welt der alpinen Matten, der Zwergstrauchheiden und der Geröllfelder, eine Welt aus Fels und Eis, aber auch eine von Bergbauern geprägte naturnahe Kulturlandschaft, die zur Bewahrung für spätere Generationen unter Schutz gestellt und dem Zugriff der modernen Technik entzogen wird.« Das im Oktober 1983 erlassene Gesetz des Landes Salzburg über die Errichtung des Nationalparks Hohe Tauern nennt drei Ziele:

- Das Gebiet des Nationalparks ist in seiner Schönheit und Ursprünglichkeit zu erhalten.
- Die charakteristischen Tiere und Pflanzen einschließlich ihrer Lebensräume sind zu bewahren.
- Einem möglichst großen Kreis von Menschen soll ein eindrucksvolles Naturerlebnis ermöglicht werden.

Bis es zur Schaffung des Nationalparks Hohe Tauern kam, war ein mühevoller Weg zurückzulegen, der wohl auch so steinig und schwierig war, wie sich die Urlandschaft selbst zeigt. Bereits 1909 erfolgte der Aufruf zur Schaffung eines Naturparks im Alpenraum. Nach dem Ersten Weltkrieg wurde zuerst in der Granatspitzgruppe, dann um den Großglockner (Alpenverein) Grundbesitz erworben und unter Schutz gestellt. In den Fünfzigerjahren wurden die Initiativen verstärkt und führten in der am 21. Oktober 1971 von den Landeshauptleuten aus Kärnten, Salzburg und Tirol getroffenen Vereinbarung von Heiligenblut endgültig zum Durchbruch. Mit ihr wurde der »Grundstein für eine Einrichtung

Rote Krustenflechte. Flechten als Umweltindikatoren an der Vegetationsgrenze.

Moos lässt Wasser abperlen – an einer Quelle im Felbertal.

von europäischer Bedeutung« gelegt. Zehn Jahre später setzte Kärnten einen weiteren Markstein, indem es als erstes Bundesland seinen Anteil am Nationalpark im Bereich der Großglockner- und Schobergruppe verwirklichte. Die Länder Salzburg und Tirol folgten 1983 und 1991. Damit ist der größte Nationalpark Mitteleuropas geschaffen. Dieser umfasst in den drei genannten Bundesländern Teile der Ankogel-, Goldberg-, Glockner-, Schober-, Granatspitz-, Venediger-, Lasörling-, Rieserferner- und die Reichenspitzgruppe mit einer Gesamtfläche von ca. 1800 Quadratkilometern. Der Nationalpark Hohe Tauern übertrifft damit die bestehenden Nationalparks in Deutschland (Bayerischer Wald und Berchtesgaden) und in der Schweiz an Größe.

Küchenschellen im Nationalpark.

Natur und Kultur bilden im Nationalpark Hohe Tauern keinen unüberbrückbaren Gegensatz, sondern stehen in einer für beide Seiten fruchtbaren Wechselwirkung. Das Gebiet gliedert sich in Außenzonen, Kernzonen und Sonderschutzgebiete. Die Außenzonen umfassen eine seit Jahrhunderten vom Menschen gestaltete naturnahe Kulturlandschaft, im Wesentlichen also die Almen, Bergmähder und Teile des Bergwaldes. Die Kernzonen umgrenzen unberührte Natur, eine von Felsen, Gletschern und alpinen Rasengesellschaften geprägte Urlandschaft. Zu Sonderschutzgebieten wurden und werden ökologisch besonders wertvolle Landschaftsteile erklärt, in denen jeder menschliche Eingriff untersagt ist.

Die Verwirklichung des Nationalparks ist kein abgeschlossener Vorgang, sondern vielmehr ein langwieriger Prozess. Die Realisierung ist von der Initiative verschiedener Vereine, aber auch vom Einzelnen – dem Einheimischen wie dem Gast – sowie vom politischen Willen und den finanziellen Möglichkeiten abhängig. Mit einer so großflächigen Einrichtung, wie sie der Nationalpark Hohe Tauern darstellt, werden zwangsläufig auch Eigentumsrechte mit z.T. sehr langer Tradition tangiert. Es galt und gilt, diese ausreichend zu berücksichtigen und Entscheidungen im Miteinander und nicht im Gegeneinander zu treffen, damit das Werk auf eine solide Basis gestellt und Akzeptanz auf breiter Ebene erzielt werden kann.

Es ist der ausdrückliche Wille des Gesetzgebers, dass der Mensch nicht aus dem Nationalpark ausgesperrt, sondern dass dieser mit ihm und für ihn realisiert wird. Dies bringt zwar viele Probleme mit sich – man denke nur an die Entsorgung auf den Hütten –, die nur unter gemeinsamer Anstrengung zu bewältigen sind. Als interessanter Gradmesser unserer Verantwortung für die Natur erweisen sich immer wieder so scheinbar nebensächliche Phänomene wie die Verunreinigung der verdeckten und unauffälligen Nischen entlang der Wanderwege. Solange sie ein Ausdruck der Gedankenlosigkeit und Bequemlichkeit unserer Überflussgesellschaft sind, bleibt noch viel Aufklärungsarbeit. Die Lage ist aber durchaus nicht hoffnungslos. Ganz im Gegenteil! Es gibt sehr viele positive Ansätze naturverträglichen Verhaltens, die es zu verstärken gilt, die den Mut zum Risiko rechtfertigen und Anlass zu Optimismus geben. Vieles haben uns frühere Generationen vorgemacht, indem sie ihr Handeln im Einklang mit der Natur vollzogen. Diese Fährte gilt es wieder aufzunehmen und ihr zu folgen.

Schwalbenschwanz.

Steinbock in freier Wildbahn.

In die Hochregion der Alpen um die Dreitausend-Meter-Marke vorzudringen, kommt einer Reise in die Arktis gleich. Allerdings mit einem großen Unterschied: Man muss keine 5000 Kilometer fahren, sondern kann die Vegetationszonen zwischen Mitteleuropa und dem Eisland hier im Nationalpark innerhalb weniger Stunden durchwandern und auf einem Höhenunterschied von rund 2000 Metern im Zeitraffer erleben. Ein fantastisches Angebot des Nationalparks Hohe Tauern! Diese »Expedition durch die Vegetationszonen« lässt uns jedesmal aufs Neue die ganze Spannweite des alpinen Landschaftscharakters von den lieblichen Aulandschaften der Talsohlen bis zu den ernsten und strengen Fels- und Eisregionen in den Gipfellagen erleben. Sie lehrt uns zu unserem eigenen Wohl die Anpassung an die Gesetze der Natur. Eine großartige Schule des Lebens!
Seit Juli 2017 ist in jedem Nationalparktal in der Hauptsaison ein Ranger anzutreffen. Dieser versieht die meisten Tage der Woche in der Rangerbasis oder auf den Wanderwegen als Berater und Ordnungshüter seinen Dienst.

Es ist der Nationalparkverwaltung, der einheimischen Bevölkerung und nicht zuletzt auch dem Besucher des Nationalparks Hohe Tauern zu wünschen, dass die in der Fachliteratur, an den Infoständen und in den Prospekten mit großen Lettern propagierten Ziele, Aufgaben und Erwartungen erfüllt werden, dass der Mensch das Projekt annimmt und sich mit der großartigen Idee identifiziert. Dann lösen sich manche Probleme leichter, als man es zu hoffen wagt. Dieser selbst gewählte Imperativ lautet:

- Unberührtes bewahren – Besonderes zeigen
- Geschaffenes pflegen – Interessantes beobachten
- Unbekanntes erforschen – Großartiges erleben

Kernzone: Urlandschaft aus Fels, Matten und Eis, dem Zugriff der Technik entzogen.

Spezielle Einrichtungen im Nationalpark

Im Teilgebiet des im vorliegenden Wanderführers vorgestellten Nationalparks Hohe Tauern gibt es eine Reihe von Einrichtungen, durch die der Gast spezielle Lektüre, aber auch nützliche Informationen allgemeiner Art bekommen kann (www.hohetauern.at, ferner www.nationalpark.at).

Nationalparkverwaltung

A – 5730 Mittersill, Gerlos Straße 18, Tel. +43 6562 408490 oder 40939, nationalpark@salzburg.gv.at

Besucherzentren und Informationsstellen

- Informationsstelle des Österreichischen Alpenvereins (ÖAV) am Krimmler Wasserfall
- Samerhofstall und Tauriska Kammerlanderstall, Neukirchen
- Felberhaus Daniel-Etter-Saal, Bramberg
- Klausnerhaus, Hollersbach, Mo bis Fr, 8 bis 18 Uhr
- Nationalparkzentrum – Nationalparkwelten Mittersill, tägl. 10 bis 17 Uhr (Dienstag 10 bis 14 Uhr), Tel. +43 6562 408490
- Nationalparkhaus, Uttendorf
- Hetzhäusl, Kaprun
- Wilfried-Haslauer-Haus, Informationseinrichtungen und Aussichtsturm auf der Edelweißspitze, alle an der Großglocknerstraße, Fusch

Dokumentationsstätte an der Glocknerstraße (Wilfried-Haslauer-Haus). Hinten von links: Hohe Dock, Bratschenköpfe, Großes Wiesbachhorn (in Wolken), Hoher Tenn.

Klausnerhaus in Hollersbach.

Besondere Einrichtungen

- Planetarium und Sternwarte in Königsleiten/Wald
- Heimatmuseum Wilhelmgut (Smaragde und Kristalle) in Bramberg
- Heimatmuseum, Hollersbach
- Nationalparkmuseum Felben, Schloss und Felberturmmuseum, Mittersill
- Nationalparkwelten, 360°-Panorama-Kino, Mittersill
- Keltendorf am Steinbergbichl in Uttendorf
- Nationalpark Gallery, Kaprun/Kitzsteinhorn
- Fluorit-Schaustollen, Wald
- Schaubergwerk Hochfeld im Untersulzbachtal, Neukirchen
- Forschungs- und Wetterstation in der Rudolfshütte
- Leben unter Wasser in Fusch/Ferleiten

Themenwege

- Krimmler Wasserfälle und Wasserwunderwelt
- Energielehrpfad Postalm und Gletscherweg Obersulzbachtal
- Knappenweg Untersulzbachtal
- Geologischer Themenweg (Smaragdweg) Habachtal
- Bachlehrweg, Schilf- und Wehrwaldlehrweg, Kräuterlehrweg, Kräutergarten, Ökologischer Fußabdruck (Labyrinth), Hollersbach

- Naturlehrweg Hintersee, Mittersill
- Gletscherweg Sonnblick- und Ödenwinkelkees, Uttendorf
- Naturlehrweg Sigmund-Thun-Klamm, Kaprun
- Kräuterlehrweg und Alpenblumenweg Mooserboden, Kaprun
- Naturlehrweg Piffkar an der Großglocknerstraße, Fusch
- Kulturlandschaftsweg und »Chinesenstadt« in Piesendorf

Nationalpark-Taxi

Die Nordtäler der Hohen Tauern sind ungewöhnlich lang und im Wesentlichen nur in der Osthälfte durch größere Ortschaften und neuzeitige Verkehrswege erschlossen. Die Täler der Westhälfte sind meist nur von Almen, einzelnen Berggasthäusern und alpinen Hütten besetzt, deren Zufahrten für den öffentlichen Verkehr gesperrt sind und nur von Anliegern und lizenzierten Taxiunternehmen benutzt werden dürfen. Letztere versehen zusammen mit den Hüttenwirten den Zubringerdienst in die Tauerntäler. Dadurch kann die Gehzeit durch die Täler zu den Berghütten und zu anderen Wanderzielen erheblich verkürzt werden. Wer sich eines Nationalparktaxis bedienen will, kann sich bei den örtlichen Tourismusbüros (siehe S. 14 – 17) oder im aktuellen Tälertaxi-Folder der Nationalparkverwaltung in Mittersill (Tel. +43 6562 408490) informieren. Fahrpreis, Abfahrtszeit und -ort kann man bei der Anmeldung erfahren; diese erfolgt wegen der Platzreservierung schon am Vortag.

Nationalpark-Taxis verkehren von Krimml ins gleichnamige Achental (Touren 4 bis 8 und 10 bis 12), von Neukirchen am Großvenediger in die beiden Sulzbachtäler (Touren 17 bis 21 und 23 bis 25), von Bramberg ins Habachtal (Touren 26, 27), von Hollersbach ins gleichnamige Tal (Touren 30, 31) und von Niedernsill-Mühlbach ins Mühlbachtal (Tour 44).

Links: Fronleichnamsprozession in Krimml: Lebendiges Brauchtum und Gottvertrauen. Rechts: Samer, die »Spediteure« der Vergangenheit, beim Samerfest in Mittersill.

1 Zittauer Hütte am Unteren Gerlossee, 2329 m

5.45 Std.

Zum See, in dem sich Gabler und Reichenspitze spiegeln

Das Wildgerlostal ist reich an landschaftlichen Glanzpunkten, die von Seen, einem Wildbach und den vergletscherten Bergen um die Reichenspitze geprägt werden. Diese sind es auch, die sogar den Autoreisenden in der Nähe des Gerlospasses zu einem kurzen Halt verleiten und für ein Bild aus dem Auto locken.

Talorte: Gerlos, 1245 m; Krimml, 1070 m.
Ausgangspunkt: Gasthaus Finkau, 1409 m (gebührenpflichtiger Privatparkplatz). Vom Gerlospass folgt man auf schmaler Straße über 5,7 km dem Ww. »Wildgerlostal, Finkau«.

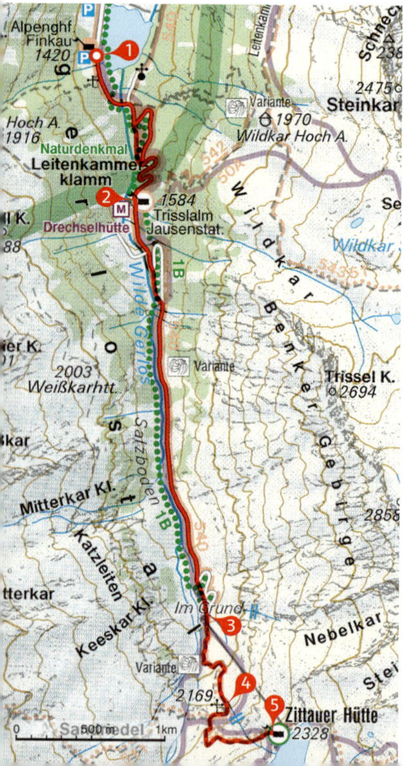

Höhenunterschied: 920 m.
Anforderungen: Forststräßchen bis zur Hälfte des Weges beim Materialaufzug der Hütte (Unterstand), dann Steig; beim Klamml auf 60 Höhenmetern gut gesicherte, treppenartige Steiganlage.
Einkehr: Gasthaus Finkau (Übernachtungsmöglichkeit, Abenteuerspielplatz, während der gesamten Wandersaison bew.), Trisslalm (bew. Juni mit Sept.), Zittauer Hütte (AV, bew. Mitte Juni bis Mitte Okt., 90 L. + B., Tel. +43 6564 8262).

Vom **Gasthaus Finkau (1)** wandert man auf der Straße zum Südende des Sees und in Schleifen zur **Trisslalm (2)** hinauf. Schöner ist es, dorthin auf dem alten, markierten Hüttenweg anzusteigen und einen Blick in die tosende **Leitenkammerklamm** zu werfen. Bei der Alm betritt man die Außenzone des Nationalparks. In mäßiger Steigung wandert man auf der Straße in ein Trogtal hinein, über dem sich die Reichenspitzgruppe in einer grandiosen Kulisse aufbaut. Die auf einer markanten Schwelle stehende Zittauer Hütte wird sichtbar. Beim **Materialaufzug (3)** im hinteren Talkessel endet das Sträßchen und man betritt die Kernzone des Nationalparks. Nun geht's über eine Randmoräne hinweg zum **Klamml (4)** und auf der sehr guten Steiganlage mit Seilgeländer über

Zittauer Hütte und Unterer Gerlossee mit Wildgerlosspitze und Wildgerloskees.

eine Steilstufe hinauf zu zwei Marterln, weiter zu ausgedehnten Gletscherschliffen und schließlich zur **Zittauer Hütte (5)** am **Unteren Gerlossee**. Sofern man sein Bergprogramm auf der Hütte nicht fortsetzt (z.B. Tour 2 oder Rundtour 1), kehrt man am Anstiegsweg wieder in die **Finkau (1)** zurück.

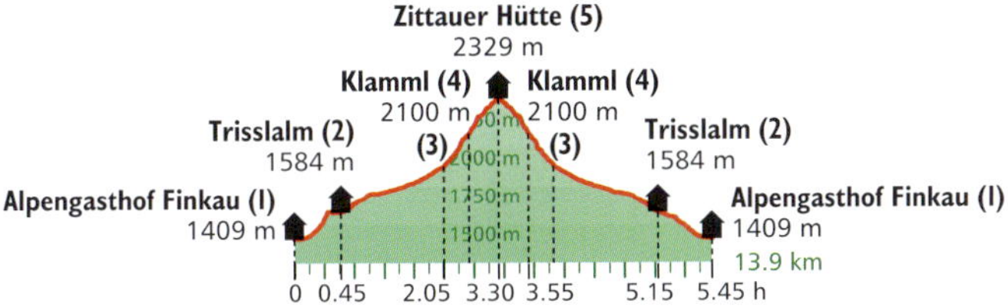

TOP **2**

Oberer Gerlossee und Roßkopf, 2845 m

3.00 Std.

Wilde Felstürme und Gletscher über stillen Bergseen

Die Wanderung auf den Roßkopf, einen unschwierigen und höchst lohnenden Aussichtspunkt zwischen Wildgerlos- und Krimmler Achental, können gute Geher von der Finkau über die Zittauer Hütte auch an einem Tag bewältigen (rund 1450 Höhenmeter). Da man im Bereich der beiden Gerlosseen aber eine Fülle schöner Motive entdecken und bestaunen kann und die Zeit dabei im Nu verrinnt, sollte man die Nächtigungsmöglichkeit auf der Zittauer Hütte – wenn auch nicht gerade an einem Wochenende der Hauptsaison! – nutzen und die Stunden in dieser zauberhaften Hochgebirgsregion genießen. Der Gipfel wird auch gerne beim Übergang von der Zittauer zur Richterhütte und umgekehrt »mitgenommen« (siehe Rundtouren 1 und 2).

Talorte: Gerlos, 1245 m; Krimml, 1070 m.
Ausgangspunkt: Zittauer Hütte, 2329 m, Zugang wie Tour 1.
Höhenunterschied: 520 m.
Anforderungen: Ausgedehnte Blockhalden und der Gipfelgrat erfordern etwas Trittsicherheit, ansonsten gut markierter Steig ohne größere technische Schwierigkeiten. Bei günstigen Bedingungen – Auskunft auf der Hütte einholen – eignet sich der Roßkopf auch für geübte Kinder.
Einkehr: Zittauer Hütte (AV, bew. Mitte Juni bis Mitte Okt., 90 L. + B., Tel. +43 65 64 8262 oder +43 664 8732205).

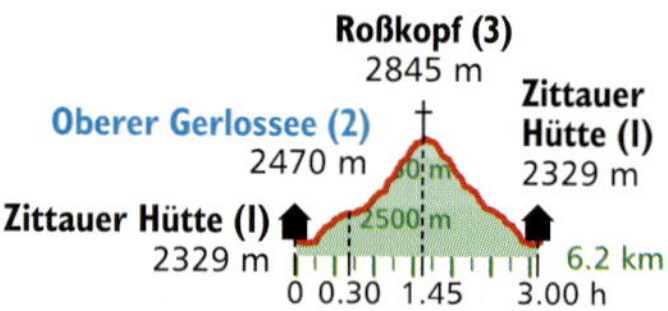

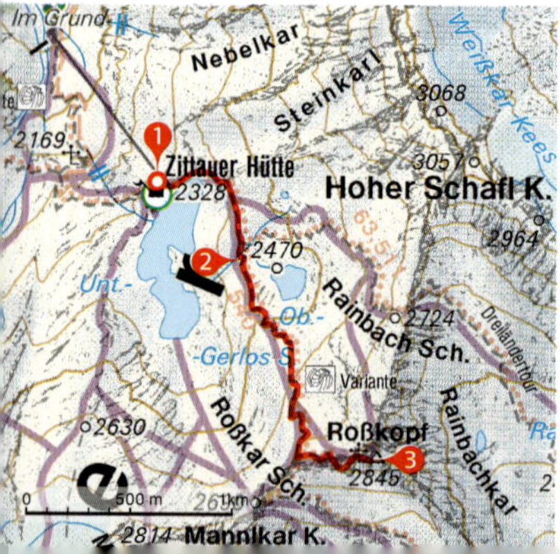

Von der **Zittauer Hütte (1)** geht man zuerst am Nordufer des Unteren Gerlossees entlang und steigt dann über seinem blockübersäten Ostufer zu einer Weggabelung – hier geradeaus! – und zum Karboden mit dem **Oberen Gerlossee (2)** an. Rechts desselben wandert man über gestufte Moränenrücken zur **Roßkarscharte** hinauf, zweigt kurz davor links ab, um entlang eines Blockgrates den **Roßkopf (3)** zu erreichen. Der Abstieg zur **Zittauer Hütte (1)** verläuft über die Anstiegsroute und weiter in die **Finkau**.

Blick vom Roßkopf zum Gabler, einem hochalpinen Ziel von der Zittauer Hütte.

3 *Wildkarsee, 2490 m, und Seekarscharte, 2519 m*

6.00 Std.

Kristallklarer Bergsee vor dem Gipfel der Wildkarspitze

Ein kleiner, einsamer, von samtigen Moospolstern und kantigen Felsen gesäumter Bergsee spiegelt in seinem kristallklaren Wasser den Felsgiebel der Wildkarspitze und schafft, etwa im milden Morgenlicht, einen geradezu feierlichen Rahmen inmitten eines Spiegelsaales. Diese Festtagsstimmung lässt sich hier in der Stille des Wildkarsees mit allen Sinnen genießen.

Talorte: Gerlos, 1245 m; Krimml, 1070 m.
Ausgangspunkt: Gasthaus Finkau, 1409 m (gebührenpflichtiger Privatparkplatz). Vom Gerlospass folgt man auf schmaler Straße über 5,7 km dem Ww. »Wildgerlostal, Finkau« bis zum Gasthaus Finkau.
Höhenunterschied: Wildkar Hochalm 560 m, Wildkarsee 1070 m.
Anforderungen: Markierter Bergsteig mit mehreren, meist kurzen Steilpassagen (Steinblöcke), die Trittsicherheit erfordern.
Einkehr: Gasthaus Finkau (Übernachtungsmöglichkeit, Abenteuerspielplatz, während der gesamten Wandersaison bew.), Trisslalm (bew. Juni mit Sept.), ansonsten keine Einkehrmöglichkeit.
Varianten: 1. Abstieg über die Seekarscharte und den Seekarsee nach Krimml wie Tour 4; Trittsicherheit erforderlich, annähernd 3 Std.
2. Auf dem Leitenkammersteig über die Breite Scharte zur Gerlosplatte oder nach Krimml (1½ bzw. 2 Std. von der Wildkar Hochalm).
3. Wildkarspitze mit Führer (3073 m, ca. 2½ Std. vom Wildkarsee, anspruchsvoll und mühsam).

Wildkarsee und Wildkarspitze.

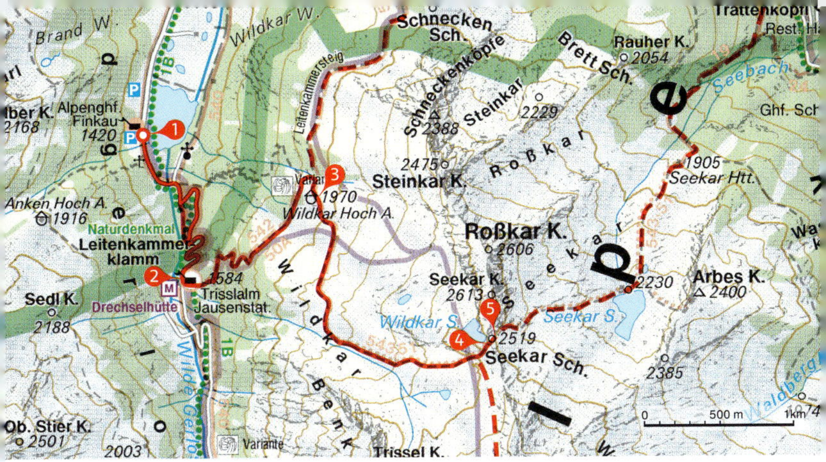

Vom **Gasthof Finkau (1)** auf der Straße südwärts zur **Trisslalm (2)**, vor der man die Außenzone des Nationalparks betritt. Schöner ist es, wenn man am Südende des Sees auf dem alten Hüttenweg zwischen Straße und Bach die Waldstufe zur Trisslalm überwindet. Man kann dabei rechts des Weges wiederholt einen Blick in die **Leitenkammerklamm** werfen. An der mittleren Almhütte (Ww. »Leitenkammersteig, Krimml«) rechts vom Sträßchen abbiegen, zum großen Felsblock hinauf, dann – von einigen Querungen unterbrochen – steil durch den Waldgürtel auf Bergweiden hinaus, über denen rechts oben bald die **Wildkar Hochalm** sichtbar wird. Man quert die Wiesen und anschließend reizvollen Zirbenwald nordwärts zu einer Wegverzweigung bei einem Bächlein. Hier zweigt man vom Leitenkammersteig rechts ab (Ww. »Wildkarsee, Seekarscharte«) und steigt in Kürze zur **Hochalm (3)** (schöner Rastplatz) hinauf. Dahinter geht's links am Viehunterstand vorbei, über eine Wasserrunse und im Folgenden über gut gestufte Matten südwärts in einen Kessel. Aus diesem steigt man ostwärts über zunehmend karge und steinige Hänge zum **Wildkarsee (4)** und von dort in wenigen Minuten zur **Seekarscharte (5)** hinauf. **Abstieg** wie Anstieg.

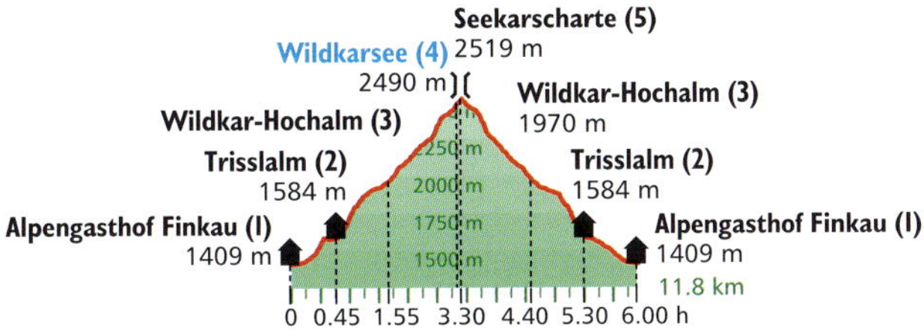

4 Seekarsee, 2230 m

6.00 Std.

Felsumrahmtes Juwel in einsamer Höhe

Das Areal auf dem Weg zum Seekarsee ist Umweltbaustelle und Arbeitsgebiet der AV-Jugend. Wie ein in Stein gefasster Kristall ist der See in die einsame, felsige Öde eines Kars am Fuß der Seekar- und Wildkarspitze gebettet. Eine Wanderung hierher, etwa im fortgeschrittenen Herbst, wenn die Saison dem Ende entgegengeht, kann zu einem unvergesslichen Erlebnis werden.

Talort/Ausgangspunkt: Krimml, 1070 m.
Höhenunterschied: 1160 m.
Anforderungen: Markierter, einsamer Steig, weitgehend durch Bergwald, stellenweise Trittsicherheit erforderlich.
Einkehr: Keine Einkehrmöglichkeit! Genügend Wasserstellen vorhanden.
Varianten: 1. Verkürzung des Anstiegs um 250 Hm (knapp 1 Std.) bei Benützung eines von Krimml laufend verkehrenden Wasserfall-Kleinbusses bis zur Abzweigung »Seekarsee«.
2. Zum Arbeskopf, 2400 m. Vom Nordostufer des Sees zuerst über einen Rücken, dann durch große Felsblöcke hindurch zur grasdurchsetzten Felswand; hier auf einem Band links hinauf. Nach einem kleinen Rechtsschwenk in einer seichten Verschneidung senkrecht zur Grathöhe und über Gras und Felsblöcke links zum Gipfel (riesiger Steinmann, interessante Aussicht vom Wilden Kaiser bis zum Hochkönig und von der Schlieferspitze bis zur Rötspitze, ferner zur Wildkarspitze und zum Seekarsee. Gut ½ Std. vom See, markiert, Schwindelfreiheit und Trittsicherheit unerlässlich, Schwierigkeit »schwarz«!).
3. Zur Seekarscharte über den Damm des Sees, dann über Block- und Grasrippen am Nordrand des Seekars westwärts. Zuletzt steil zur Scharte (Wildkarsee gleich hinter der Scharte als Blickfang – siehe Tour 3! –, ebenso der Seekarsee in der Tiefe, Fernblick bis Karwendel. Schwierigkeit »rot«, jedoch etwas anspruchsvoller als der Anstieg zum Seekarsee, ca. 1 Std. von diesem zur Scharte).

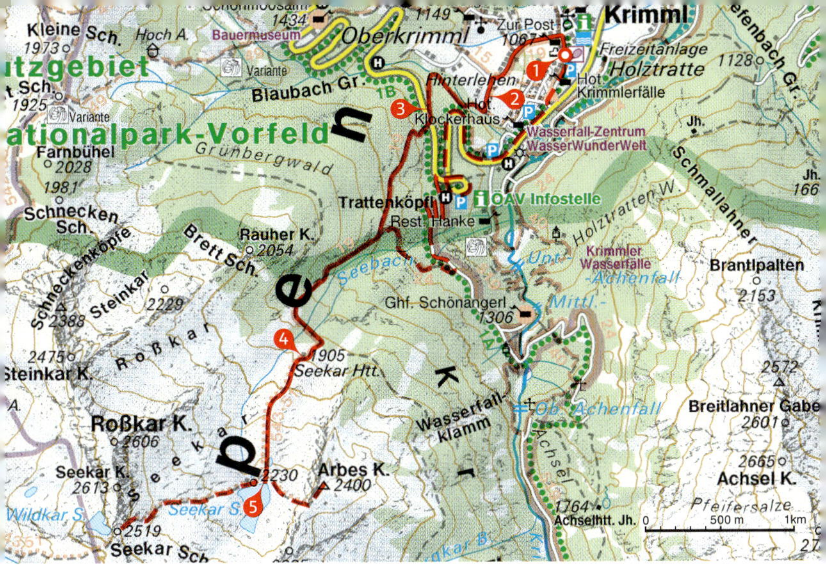

Links: Der Seekarsee von der Seekarscharte (Variante 3).

In **Krimml (1)** beginnt kurz vor der Kirche die gut beschilderte Route Nr. 19 bzw. 543 zum »Seekarsee 4 Std.« Sie folgt zuerst einer Asphaltstraße zum denkmalgeschützten Geburtshaus des Salzburger Freiheitshelden **Anton Wallner (2)**, überquert dahinter den Blaubachgraben und führt dann auf einem Traktorweg bzw. einem Steig durch den Wald zur **Gerlos-Mautstraße (3)**, 1211 m, hinauf, die zu überqueren ist. Danach geht es durch ausgedehnten Bergwald, stellenweise über Stock und Stein, zeitweise an einem Bächlein entlang und nahe der Waldgrenze unter einem kleinen Wasserfall hindurch, zu den zwei **Seekarhütten (4)** mit Brunnen und aussichtsreichem Rastplatz. Dahinter zieht der Steig über einen freien Moränenrücken zum einsamen **Seekarsee (5)** hinauf, in dessen Nähe ebenfalls ein unbewirtschaftetes Hütterl steht. Der **Abstieg** erfolgt auf der Anstiegsroute.

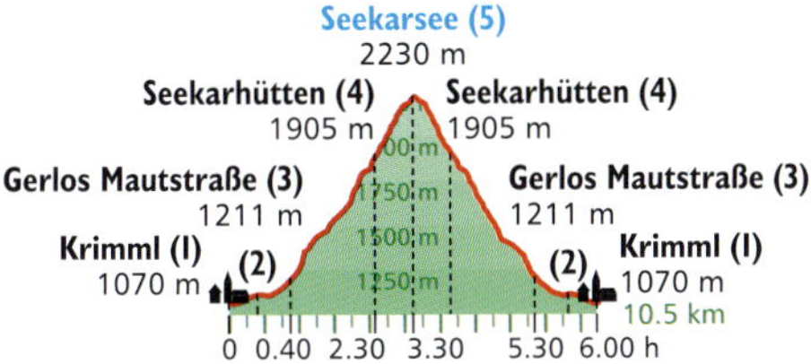

Krimmler Wasserfälle

3.00 Std.

Naturschutzdiplom für einen der mächtigsten Wasserfälle Europas

Die Krimmler Wasserfälle, jährlich von mehreren hunderttausend Menschen besucht, sind mit dem europäischen Naturschutzdiplom ausgezeichnet. Über drei Kaskaden von zusammen 380 Metern stürzt die Krimmler Ache in die Tiefe. Ein optisches wie akustisches Naturschauspiel beachtlicher Dimension! Bereits in den Jahren 1900/01 hat der Alpenverein auf der Westseite der Wasserfälle mit Unterstützung von Naturfreunden und Körperschaften den Wasserfallweg erbaut. Die gebührenpflichtige Route – für AV-Mitglieder ermäßigt – ist heute in einem hervorragenden Zustand, breit wie ein schmales Sträßchen, 4 Kilometer lang und für jedermann begehbar, auch wenn der Weg, besonders im Bereich des Oberen Achenfalles, an Steilheit zunimmt. Mehrere Aussichtskanzeln ermöglichen einen hervorragenden Einblick und geradezu hautnahen Kontakt zur Urgewalt der stürzenden Wasser.

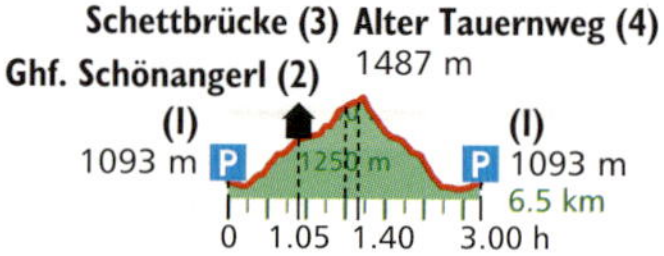

Talort: Krimml, 1070 m.
Ausgangspunkt: Gebührenpflichtige Parkplätze bei den Wasserfällen, 1093 m.
Höhenunterschied: 400 m.
Anforderungen: Der bestens ausgebaute Wasserfallweg (Anstieg) ist bequemer als der vielfach von Felsplatten gestufte Alte Tauernweg (Abstiegsroute).
Einkehr: Gasthaus Hanke, Ghf. Schönangerl am Wasserfallweg.
Variante: Wasserfall Panoramabus, Abfahrt ca. alle 20 Min.
Hinweis: Der Bereich um die Wasserfälle wirkt heilsam auf die Atmungsorgane.

Ausgehend von einem der beschilderten **Wasserfall-Parkplätze (1)** ist der von Mitte April bis Ende Oktober geöffnete »Wasserfallweg« nicht zu verfehlen. Die große Zahl der Besucher reduziert sich mit zunehmender Höhe. Am **Ghf. Schönangerl (2)** zwischen mittlerem und oberem Wasserfall, haben die meisten ihr Soll erfüllt. Wer es aber bis zur **Schettbrücke (3)** schafft und eine weniger begangene Abstiegsroute bevorzugt, trifft etwa 50 m hinter der Brücke auf eine Forststraße. Diese führt in wenigen Minuten scharf links und leicht steigend zu einem Tunnel, vor dem links der **»Alte Tauernweg« (4)** abzweigt und überwiegend durch Wald nach Krimml hinabführt. Er wurde bereits 2000 Jahre vor Chr. von den Kelten erbaut und später von den Römern genutzt, bietet aber nicht die spektakulären Ausblicke auf die Wasserfälle wie der Weg auf der Gegenseite. Vor dem **Ghs. Schönangerl (2)** und am Talboden kann man auf einer Forststraße problemlos aufs gegenüberliegende Ufer wechseln und den **Ausgangspunkt (1)** erreichen.

An den Krimmler Wasserfällen (Unterer Achenfall).

6 Krimmler Achental und Tauernhaus, 1622 m

7.00 Std.

Zur ältesten Gaststube des Pinzgaus

Wohl seit mehr als 2000 Jahren führt durch das Krimmler Achental und seinen Nebenast, das Windbachtal, eine Verbindung vom Pinzgau über den Alpenhauptkamm nach Südtirol. Kelten und Römer, Säumer und Hirten, Juden, flüchtende Truppenteile und sogar einige Kaiser nutzten den Übergang als Handels- bzw. Fluchtweg. Es ist anzunehmen, dass für die rund 33 km lange Strecke von Krimml über den Krimmler Tauern nach Kasern und Prettau im Ahrntal schon sehr früh ein Stützpunkt im Achental errichtet wurde. Diese Funktion erfüllt das Krimmler Tauernhaus heute noch für den Bergsteiger und Wanderer auf den weiten Wegen zu den Hütten und Bergen in der Umgebung des Achentales. Die Unterkunft wurde bereits 1389, also vor mehr als 600 Jahren urkundlich erwähnt und gilt als älteste Gaststube des Pinzgaus. Zu den Pflichten der Tauernhauswirte zählte neben der Offenhaltung des Tauernweges und der Hilfeleistung für verirrte Reisende auch die Postbeförderung von und zu den umliegenden Almen und Schutzhütten. Das Achental selbst zieht

Langer, flacher Almboden im Krimmler Achental oberhalb der Krimmler Wasserfälle bei der Veiten- und Hölzlahneralm (Nationalpark-Außenzone).

Krimmler Tauernhaus unterm Rainbacheck, eine traditionsreiche Hütte im Nationalpark.

sich von Krimml bis zum Krimmler Kees über 21 km hin; eine Marathonstrecke für den, der es zu Fuß in beide Richtungen durchmisst. Von den 24 Almen im Bereich des Tales sind heute noch einige im Besitz Südtiroler Bauern; die meisten gehören Pinzgauer Landwirten. Aussagekräftige Schwarz-Weiß-Bilder in der »Alten Stube« des Tauernhauses lassen erahnen, welchen Schwierigkeiten und Gefahren Mensch und Vieh beim herbstlichen Almabtrieb vom Achental über den Krimmler Tauern nach Südtirol zuweilen ausgesetzt sind. Schon bei normalen Bedingungen rechnet man dafür mit zehn Stunden.

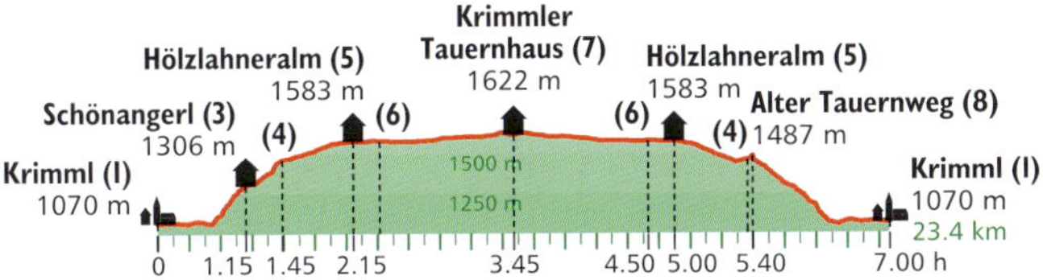

Links: Gernkogel, Krimml und Wasserfälle.

Talort/Ausgangspunkt: Krimml, 1070 m, Dauerparkplatz nahe der nördl. Ortseinfahrt.
Höhenunterschied: 550 m.
Anforderungen: Sträßchen bis Tauernhaus (ca.13 km). Von Krimml fahren täglich nach Bedarf Kleinbusse zum obersten Wasserfall, zum Tauernhaus u. zum Talschluss.
Einkehr: Ghs. Schönangerl, Veiten-, Sölln- und Hölzlahneralm, Krimmler Tauernhaus (alle privat, Letzteres fast ganzjährig, die übrigen während der Wandersaison bew., 66 L. + B., Zubringerbus, Tel. +43 6564 8327).
Variante: Mit dem Rad ins Krimmler Achental: Auf der Gerlospassstraße von der ehemaligen Mautstelle durch den ersten Tunnel und über die anschließende große Kehre, dann links in Richtung Schönangerl, zwischen dem Gasthaus und dem oberen Wasserfall den für Radfahrer gesperrten Wanderweg und den Bach queren und in mehreren Kehren zum Annatunnel (ca. 300 m lang, unangenehm dunkel, Licht erforderlich, einspuriger Taxiverkehr!). Nahe der Schettbrücke zur Talstraße und auf dieser links weiter.

Die Route ins **Krimmler Achental** entlang des **Wasserfallweges** zum Tauernhaus und weiter bis zum Talschluss hinter der Innerkeesalm ist nicht zu verfehlen. Nach der großen **Geländestufe (4)** entlang der drei Wasserfälle (siehe Tour 5) steigt der Wirtschaftsweg bis zur **Hölzlahneralm (5)** noch leicht an, verläuft dann nahezu eben und überwindet erst kurz vor dem **Tauernhaus (7)** noch eine Geländeschwelle.
Der **Rückweg** nach Krimml folgt dem Sträßchen bis zur **Schettbrücke (4)** vor dem oberen Achenfall. Kurz davor auf der Fahrstraße rechts zum Tunnel leicht ansteigen und unmittelbar davor auf dem **»Alten Tauernweg« (8)** ins Tal (siehe Tour 5).

7 Rainbachsee, 2404 m

4.15 Std.

Die Schauseite des Sees liegt abseits des Weges

Der Rainbachsee liegt auf einer lang gezogenen Terrasse am Verbindungsweg vom Krimmler Tauernhaus zur Zittauer Hütte. Da der Weg südseitig am See entlangführt, nehmen die meisten Wanderer seinen besonderen Reiz nicht wahr. Am Vormittag ist es die Bergkette im Südwesten, am Nachmittag die im Osten, die – je nach Sonnenstand – eine großartige Hintergrundkulisse abgeben. Wer am Vormittag unterwegs ist – und das sind wohl die meisten – kann am fotogenen Nordufer reizvolle Motive entdecken. Der weitaus leichteste Zugang zum See erfolgt über das Krimmler Tauernhaus.

Talort: Krimml, 1070 m.
Ausgangspunkt: Krimmler Tauernhaus, 1622 m. Zugang wie Tour 6 oder mit dem Nationalpark-Taxi von Krimml.
Höhenunterschied: 780 m.
Anforderungen: Markierter Steig ohne besondere Schwierigkeiten.
Einkehr: Krimmler Tauernhaus (privat, fast ganzj. bew., 66 L. + B., Tel. +43 664 2612174); sonst keine Einkehrmöglichkeit.
Variante: Der Weiterweg vom Rainbachsee zur Rainbachscharte nimmt mit der Höhe an Schwierigkeit zu. Die Altschneehänge unter der Scharte sollten unbedingt aufgefirnt sein; steiler und z.T. luftiger Schartenanstieg, mehrere Seile vorhanden, Trittsicherheit, Schwindelfreiheit und alpine Erfahrung erforderlich, Schwierigkeit von den Verhältnissen abhängig, meist »schwarz«, 1 Std. vom See. Der Abstieg von der Rainbachscharte zur Zittauer Hütte ist merklich leichter, ca. 1 Std.

Im Rainbachsee spiegelt sich das »Sägeblatt« des Reichenspitzkammes.

Vom traditionsreichen Unterkunftshaus im **Krimmler Achental (1)** wendet man sich zunächst dem Wasserfall zu, steigt rechts davon auf steilem, breitem Waldweg über die erste Geländestufe an und trifft nach der Wegverflachung zur Rechten auf eine **Abzweigung (2)** (Ww. »Rainbachscharte, Zittauer Hütte«). Diese führt zuerst durch Fichten- und Zirbenwald, dann durch Latschenfelder, schließlich an einem Bächlein entlang. Über eine blumenreiche Hangmulde und einen Rücken gelangt man auf eine Terrasse mit schönem Blick ins Rainbachtal und zum vergletscherten Talschluss, der von der sägeblattähnlichen Bergkette zwischen Zillerplattenspitze und Reichenspitze gekrönt ist. Gemütlich und genussreich wandert man über die Terrasse hin, ehe man hinter einer Schwelle den **Rainbachsee (3)** erreicht. Der **Rückweg** ist identisch mit dem Anstiegsweg.

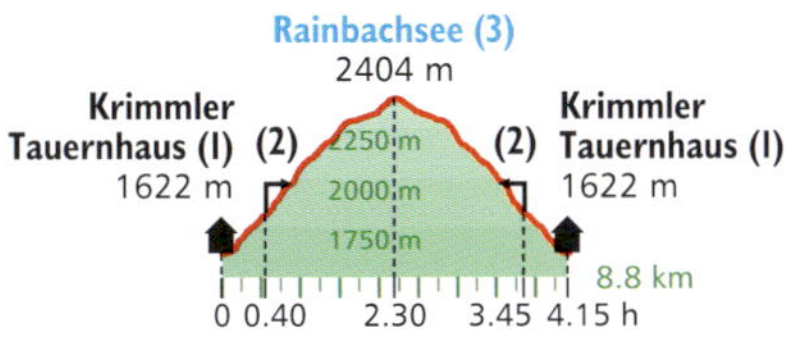

8 Richterhütte, 2374 m

4.45 Std.

Weite Wege zu einer Hütte inmitten einer großartigen Naturbühne

Die Richterhütte in der Wildgerlosgruppe steht genau im Mittelpunkt einer Naturbühne, hinter der eine prächtige, sägeblattähnliche Bergkulisse in den Himmel wächst. Die Exklusivität ihres Standorts scheint sie obendrein durch weite Zugangswege zu unterstreichen. Besondere Bedeutung kommt der Hütte bei der Durchquerung der Gebirgsgruppe zu. Darüber hinaus hat sie in ihrer Umgebung eine ganze Reihe attraktiver Ziele für den Bergsteiger und z.T. auch für den Bergwanderer anzubieten.

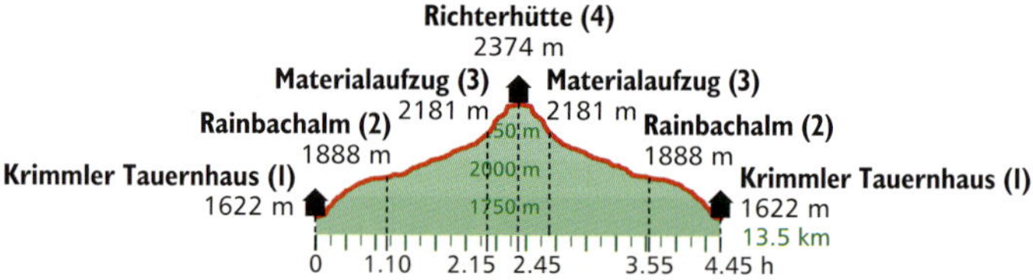

Talort: Krimml, 1070 m.
Ausgangspunkt: Krimmler Tauernhaus, 1622 m. Zugang wie Tour 6 oder mit dem Nationalpark-Taxi von Krimml bis Tauernhaus.
Höhenunterschied: 750 m.
Anforderungen: Breiter Wanderweg, nur zu Beginn und am Ende etwas mühsam.

Einkehr: Krimmler Tauernhaus (privat, fast ganzj. bew., 66 L. + B., Tel. +43 664 2612174), Richterhütte (AV, bew. Mitte Juni bis Ende Sept., ca. 70 L. + B., Tel. +43 6564 7328 oder +43 699 19068735).
Variante: Von der Hütte in 10 Min. zu einem kleinen See auf einem Plateau südöstlich der Unterkunft.

Reichenspitze und Gabler (von links) bei Sonnenaufgang oberhalb der Richterhütte.

Vom **Krimmler Tauernhaus (1)** wendet man sich westwärts dem **Wasserfall** zu und steigt rechts davon auf dem breiten Hüttenweg – auf den ersten 130 Höhenmetern recht steil – über einen bewaldeten Sockel ins einzigartige **Rainbachtal** hinauf. An der ersten Wegverzweigung geht man geradeaus weiter und wechselt bei der **Rainbachalm (2)** auf das Südufer des herrlichen Bachlaufs. Diesem folgt man auf breiter und angenehmer Trasse bis zum **Materialaufzug (3)** der Hütte. Hier stellt der Hüttenwirt dem Wanderer für den halbstündigen Plattenweg zur **Richterhütte (4)** Skistöcke zur Verfügung. **Abstieg** wie Anstieg. Als Anschlussprogramm bieten sich die Tour 9 und die Rundtouren 1 und 2 (siehe S. 158 bis 160) an.

Die Richterhütte und -spitze vor Augen.

TOP **9**

Gamsscharte, 2971 m, und Richterspitze, 3052 m

4.00 Std.

Luftiger Freisitz inmitten scharfkantiger, wilder Felstürme

Die Richterspitze, einer der »harmlosesten« Gipfel inmitten eines Kammes wilder Felszähne, bietet bei günstigen sommerlichen Bedingungen dem trittsicheren, schwindelfreien Bergwanderer mit Erfahrung im hochalpinen Gelände ein großartiges Gipfelerlebnis.

Talort: Krimml, 1070 m.
Ausgangspunkt: Richterhütte, 2374 m (AV, bew. Mitte Juni bis Ende Sept., ca. 70 L. + B., Tel. +43 6564 7328 oder +43 699 19068735). Zugang wie Tour 8.
Höhenunterschied: Gamsscharte 600 m, Richterspitze 680 m.
Anforderungen: Schwindelfreiheit und Trittsicherheit, Erfahrung im hochalpinen Gelände und günstige sommerliche Bedingungen erforderlich (Auskunft beim Hüttenwirt)! Die Altschneefelder auf dem Weg zur Gamsscharte sollten bereits aufgefirnt sein; die sonnenexponierte Lage kommt ihnen dabei entgegen. Die 100 Höhenmeter unter und ein kurzer Grataufschwung auf der Gamsscharte bilden die schwierigsten Stellen auf der Route. Feste Schuhe!
Variante: Rainbachtalkopf (in der Karte: Windbachtalkopf), 2843 m, bestechende Aussicht auf Venediger- und Reichenspitzgruppe. Von der Hütte auf Weg 540 südostwärts zu einem kleinen See, dahinter über einen Blockhang zu einer Wegteilung (knapp 250 Hm ab Hütte). Links ab, über Geröll und Blockwerk (Farbmarkierung und Steindauben) mühsam auf eine Scharte, zuletzt am Grat links zum Gipfel (1.40 Std. ab Hütte, »rot« bis »schwarz«).

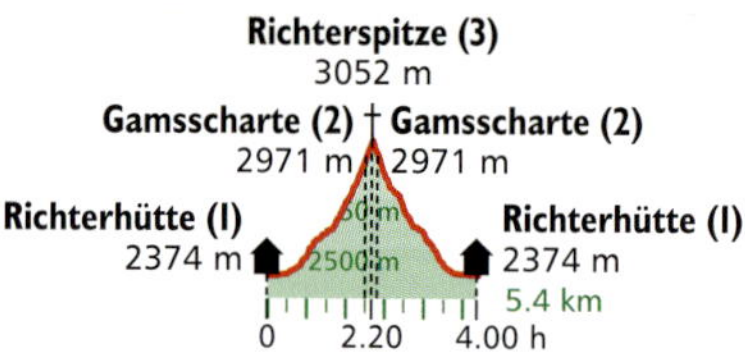

Hinter der **Richterhütte (1)** weist das Schild »Gamsscharte, Richterspitze 512« ins **Rainbachkeeskar**. Dieses wird auf breitem Steig im Uhrzeigersinn zuerst höhengleich durchquert, dann überschreitet man im Anstieg den Hauptbach, erreicht über einen Rücken eine Schulter und trifft 50 Höhenmeter darüber

Auf der Richterspitze: Kuchelmooskees mit Wildgerlosspitze, Hahnenkamm, Reichenspitze, Zillerspitze und Gabler (von links).

auf eine Weggabelung. Hier wählt man den linken Pfad. Hinter einer Schuttmulde (Altschnee) erreicht man eine steile Moränenrippe und darüber einen Schrofenhang, ehe man am Sockel eines Felswandls links ins Kar quert. Es folgt ein steiler Schutthang mit Altschneeauflage, die mit fortschreitender Jahreszeit mehr und mehr schwindet und nur eine dürftige Markierung ermöglicht. Auf Steigspuren in Schutt und Schnee müht man sich schweißtreibend zur Höhe und schwenkt zuletzt links auf die **Gamsscharte (2)** am Fuß einer markanten Felsnadel zu (zuletzt oft beschädigtes Seil mit »Fleischhaken«). Von der Scharte führt jenseits ein sanierter Steig zur Plauener Hütte hinab (»schwarz«), rechts aber geht es über den Südgrat auf die **Richterspitze (3)**. Der mit zwei Eisenbügeln entschärfte Einstieg verlangt etwas Kraft, dann folgt eine anregende Kletterei über einen herrlichen Grat zum Gipfelkreuz. Der **Abstieg** verläuft über die Anstiegsroute.

10 Birnlückenhütte, 2441 m

8.45 Std.

Schutzhaus hoch über dem Südtiroler Ahrntal

Auch die Birnlücke stellt seit alters einen bekannten Übergang von Nord- nach Südtirol dar, konnte aber wegen des schwierigeren Geländes dem Krimmler Tauern nie den Rang ablaufen. Der Zugang zur Birnlückenhütte (ital. »Rifugio Tridentina«) erfolgt wegen des kürzeren und einfacheren Weges zwar meist aus dem Ahrntal, doch erhält die Hütte auch von Norden – vor allem im Rahmen einer mehrtägigen Gebietsdurchquerung – häufig Besuch (siehe auch Rundtouren »Große Krimmler Runde«, S. 159). Das Schutzhaus liegt bereits jenseits der Nationalparkgrenze, die hier mit der Staatsgrenze zwischen Österreich und Italien identisch ist und über die Birnlücke verläuft.

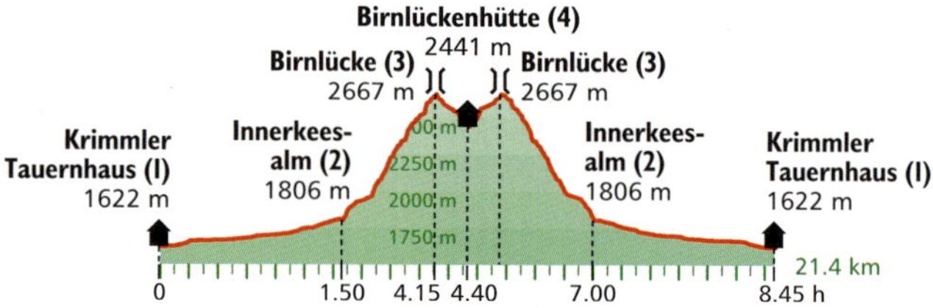

Talort: Krimml, 1070 m.
Ausgangspunkt: Krimmler Tauernhaus, 1622 m. Zugang siehe Tour 6.
Höhenunterschied: Knapp 1300 m inkl. Gegenanstieg.
Anforderungen: Sträßchen bis zur Innerkeesalm, Anstieg zur Birnlücke im unteren Teil steil und mühsam, z.T. Trittsicherheit erforderlich. Schneefelder bis zum Sommer.
Einkehr: Krimmler Tauernhaus (privat, fast ganzjährig bew., Tel. +43 664 2612 174), Birnlückenhütte (CAI, bew. Anfang Juli bis Ende Sept., italienisches Telefonnetz!, Tel. +39 474 654140, 45 B. + L.).

Vom **Krimmler Tauernhaus (1)** wandert man auf dem Talsträßchen zur **Innerkeesalm (2)**. Hierher auch mit einem Nationalpark-Taxi. Nun geht's westwärts über die Krimmler Ache in die Kernzone des Nationalparks hinein, ehe sich der schmale Steig ca. 200 Meter über einen Steilhang und eine Rippe hinaufplagt. Nun fol-

Dreiherrnspitze über der Birnlückenhütte.

gen angenehmere Wiesenhänge auf die rechte Hangseite zu und an ihr entlang über Blockwerk bis zur **Birnlücke (3)** hinauf. Hier teilt sich der Weg: Am rechten Hang entlang zieht sich der Lausitzer Weg dahin. Durch die weite, schnee- bzw. schuttbedeckte Südwestmulde steigt man zur **Birnlückenhütte (4)** ab, die auf einer aussichtsreichen Schulter über dem hinteren Ahrntal steht.

Rückweg wie Anstieg. Interessanter ist es, nach einer Nächtigung am Schutzhaus über den **Lausitzer Weg**, den **Krimmler Tauern** und das **Windbachtal** ins Achental zurückzuwandern (siehe Tour 11!).

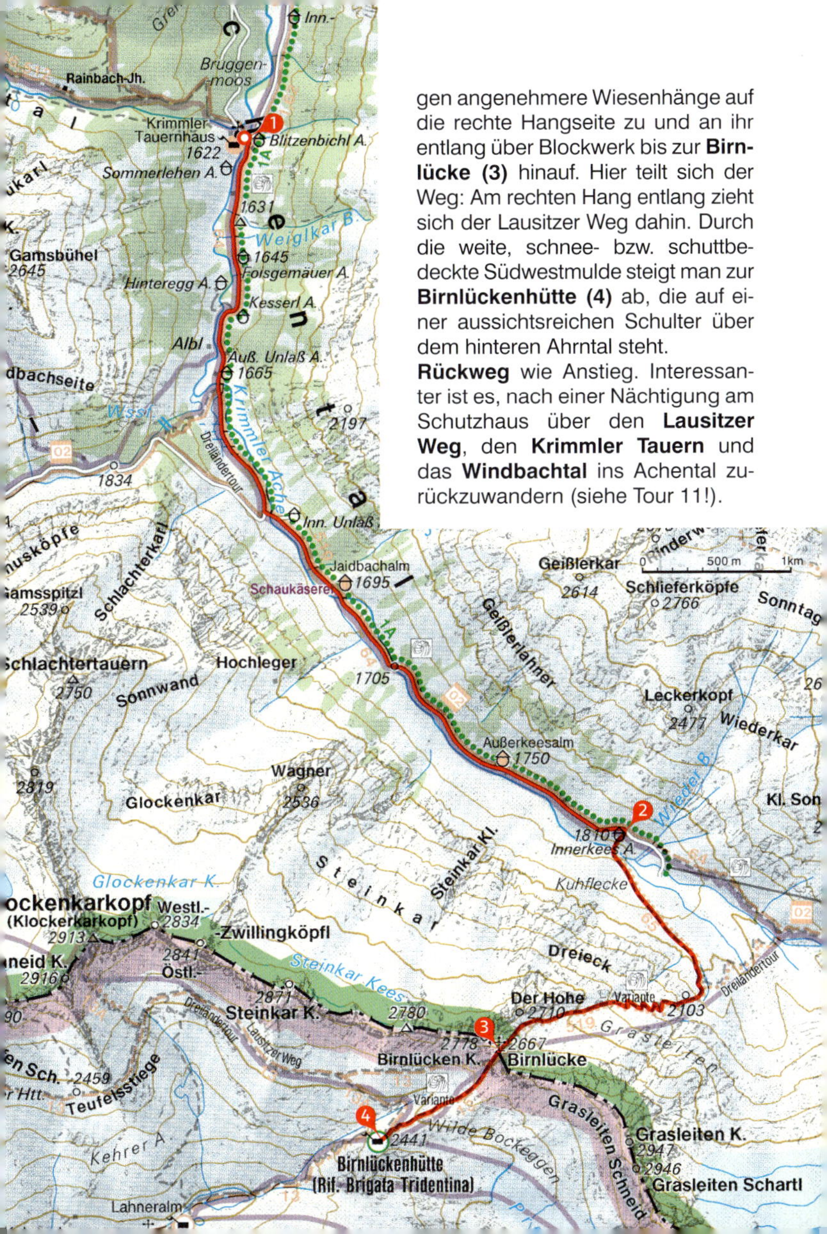

11 *Über den Krimmler Tauern, 2633 m*

6.00 Std.

Jahrtausende alter Saumpfad über den Alpenhauptkamm

Wie im Einführungstext von Tour 6 (Krimmler Achental) ausgeführt, kommt dem Alpenübergang über den Krimmler Tauern eine Jahrtausende alte Bedeutung zu. Die heutigen Verkehrsströme wählen zwar andere Routen über die Alpen, doch bis in unsere Tage wird von Bauern aus dem Ahrntal im Sommer Vieh über den Krimmler Tauern zu den Weidegebieten des Krimmler Achentales getrieben. Auch Biker und Bergsteiger sind auf dem Weg über die Passhöhe anzutreffen. Seit 2013 wird mit der Eröffnung eines Friedensweges jährlich am 29. Juni in einer Friedenswanderung auf die besondere Bedeutung des Übergangs im Jahre 1947 erinnert, als an die 5000 jüdische Flüchtlinge auf dem Weg nach Palästina vom Brenner auf den Krimmler Tauern ausweichen mussten. Der traditionsreiche Übergang wird im Rahmen unseres Tourenprogramms in einer mehrtägigen Bergfahrt vorgestellt, die am Lausitzer Höhenweg von der Birnlücke zum Krimmler Tauern verläuft und von diesem durchs Windbachtal ins Krimmler Achental hinabführt.

Talort: Krimml, 1070 m.
Ausgangspunkt: Birnlückenhütte, 2441 m. Zugang siehe Tour 10.
Höhenunterschied: Mehrere Teilanstiege, zusammen ca. 300 m. Abstieg ca. 1100 m.
Anforderungen: Nur bei stabilem Wetter empfehlenswert! Mögliche Altschneefelder bis in den Sommer. Der Lausitzer Höhenweg ist stellenweise mit Eisenstiften bzw. Seil gesichert (»rot«). Der Abstieg bei der Teufelsstiege ist u. U. schwieriger. Der Nordabstieg vom Krimmler Tauern ist leicht (»blau«).
Einkehr: Keine Einkehrmöglichkeit auf der Tour. Birnlückenhütte (CAI, bew. Anfang Juli bis Ende Sept.,45 B. + L., Tel. +39 474 654140 von Italien), Krimmler Tauernhaus (privat, fast ganzj. bew., 66 L. + B., Tel. +43 664 2612174). Die ehemalige Neugersdorfer Hütte ist nur ein unbew. Zollhaus!
Varianten: 1. Der Abstecher vom Lausitzer Weg zum Glockenkarkopf (2913 m) zieht sich über knapp 400 Hm hin, führt im Mittelteil etwas unübersichtlich über riesige Blöcke, oben über sehr steiles, brüchiges und abschüssiges Gelände; er eignet sich nur für erfahrene, trittsichere und schwindelfreie Geher (»schwarz«, gut 1 Std. Anstieg).
2. Vom Krimmler Tauern bietet sich ein weiterer Abstecher zum Schientalkopf (2773 m, ca. ½ Std., I) an. Beide Gipfel sind bekannte Aussichtspunkte.

Der **Lausitzer Weg Nr. 13** quert nordöstlich der **Birnlückenhütte (1)** einen Graben, steigt dahinter kurze Zeit an und verläuft dann lange höhengleich auf einer Rampe hoch über dem Ahrntal nach Westen. Nach einem großen Bogen durch ein Kar (Abzweigung zum Glockenkarkopf) erreicht er bei der **Pfaffenschneid (2)** ein Schartl und führt von diesem über die **»Teufelsstiege« (3)** in ein weiteres Kar hinab, ehe er zur unbewirtschafteten **Neugersdor-**

Rechts: Im Windbachtal – hinten die Zillerplattenspitze.

Roßschermriedel
1888
Rainbach-Jh.
Bruggen-moos
Krimmler Tauernhaus
1622
Blitzenbichl A.
Sommerlehen A.
Rainbach
Rainbachtal
Breitscharl Gr.
Graukarl
Graukar K.
2665
Windtal K.
2640
Gamsbühel
2645
Östl. Windbach Sch.
2497
Windbachkar K.
2763
1631
Weiglkar B.
1645
Foisgemäuer A.
Hinteregg A.
Kesserl A.
Albl
Äuß. Unlaß A.
1665
Hohe Scharte
2712
Windbachkar
Windbachseite
Windbachtal K.
2843
Speikkl.
Karstall
Wssf.
Krimmler Ache
2197
02
1834
Dreiländertour
2696
Stl. Windbach Sch.
2802
1883
Windbach A.
Inn. Unlaß A.
Tröger
Windbachtal
Schmusköpfe
Schlachterkarl
Jaidbachalm
1695
Schaukäserei
Keesfeld K.
2599
Windbach
Gamsspitzl
2539
1A
Fritz Pungsweg
Variante
Schlachtertauern
2750
Hochleger
1705
Sonnwand
Gamsstellen
Aschbichl K.
2635
2492
Schneckenkar K.
2526
2819
Wagner
2536
Glockenkar
Tauerleiten
Steinkar
2108
2611
Schafseebl
Glockenkar K.
Glockenkarkopf
(Klockerkarkopf)
2913
Westl.-
2834
-Zwillingköpfl
2388
2841
Östl.-
Ob. Kessel
2361
Pfaffenschneid K.
2916
Steinkar Kees
Tauern K.
2872
2790
2871
Steinkar K.
2780
Kesselweg
Kessel
Krimmler Tauern
Pfaffen Sch.
2722
Teufelsstiege
2459
Lausitzer Weg
Birnlücke
2633
Neugersdorfer Htt.
Variante
2773
Schientalkopf
2568
2452
Kehrer A.
2441
Birnlückenhütte
(Rif. Brigata Tridentina)
Lahneralm
Kehreralm
1842
1986
Naturpark
0
500 m
1 km
1
2
3
4
5
6
7
8
9
10

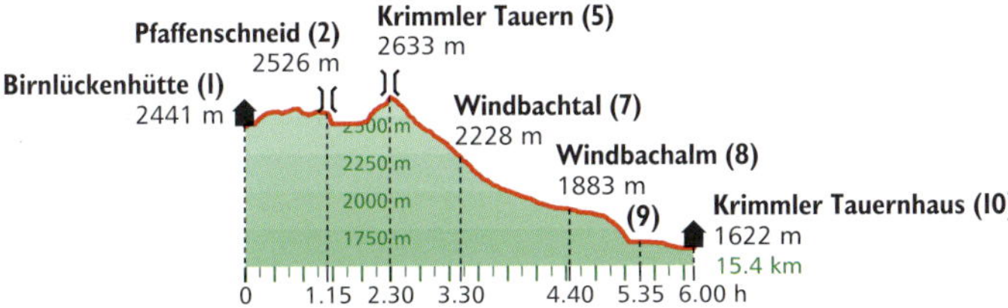

fer Hütte (4) hinaufsteigt. Dahinter mündet er in den **Tauernweg** (Nr. 14) und folgt diesem zum **Krimmler Tauern (5)** hinauf. In vielen Schleifen geht es jenseits durch ein ödes Kar zur ehemaligen österreichischen Zollwachhütte und zu einer Weggabelung hinab. Hier folgt man dem rechten Pfad, der kurz darauf am **Schusterkreuzl (6)** vorbeiführt und sich allmählich über Bergweiden ins **Windbachtal (7)** hinabsenkt. Das Gefälle nimmt zur **Windbachalm (8)** hinaus mehr und mehr ab, durchquert vor dieser auf uralten Trittsteinen eine Feuchtzone und verlässt kurz vor der Alm die Kernzone des Nationalparks. Ab der Alm vertraut man sich einem Sträßchen an, verlässt dieses aber unterhalb einer Brücke wieder, um auf dem alten Weg nach links ins Achental, **Äußere Unlaßalm (9)**, abzusteigen und auf der Straße zum **Krimmler Tauernhaus (10)** hinauszuwandern.

Vom »Alten Tauernweg« blickt man ins Krimmler Achental und zur Äußeren Unlaßalm.

12 Warnsdorfer Hütte, 2336 m, und Eissee, 2365 m

7.15 Std.

Den kalten Hauch des »ewigen Eises« spüren

Die Innerkeesalm mit ihrer Moränenlandschaft und dem spaltenreichen Hängegletscher des Krimmler Keeses im Hintergrund, das in seiner Ausdehnung zu den konstantesten Gletschern der Ostalpen zählt, ist eine echte Augenweide auf der Wanderung durch das lange Krimmler Achental. Am Eissee oberhalb der Warnsdorfer Hütte tritt man sogar hautnah an diese Gletscherwelt des Hochgebirges heran und spürt den kalten Hauch des »ewigen Eises«.

Talort: Krimml, 1070 m.
Ausgangspunkt: Krimmler Tauernhaus, 1622 m. Zugang wie Tour 6.
Höhenunterschied: 700 m bis Warnsdorfer Hütte, knapp 750 m bis Eissee.
Anforderungen: Sträßchen bis zum Materialaufzug der Warnsdorfer Hütte (20 km von Krimml bzw. 7 km vom Tauernhaus), dann gut markierter, breiter Steig.
Einkehr: Krimmler Tauernhaus (privat, fast ganzj. bew., 66 Schlafplätze, Tel. +43 664 2612174), Warnsdorfer Hütte (AV, bew. Mitte Juni bis Ende Sept., 13 B., 55 L., Tel. +43 6564 8241, +43 664 1217076).

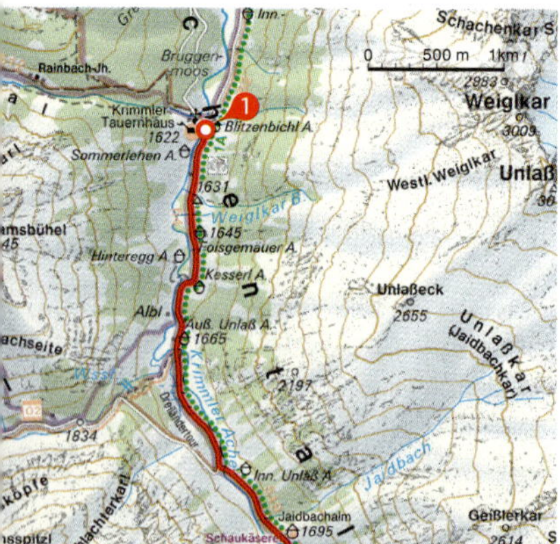

Vom **Krimmler Tauernhaus (1)** wandert man auf der Talstraße zur **Innerkeesalm (2)**, sofern man sich nicht für eine bequeme Beförderung mit dem Hüttentaxi entschließt. Zwischen der letzten Alm und dem Materialaufzug der **Warnsdorfer Hütte** zweigt links ein gut markierter breiter Weg zur Unterkunft ab. Er erreicht nach ca. 200 Höhenmetern einen Karboden und betritt bei einer Weggabelung die Kernzone des Nationalparks. Hier wird auch die Hütte sichtbar, zu der sich der linke Weg hinaufwindet. Gleich hinter

Innerkeesalm und Krimmler Kees.

dem Haus **(3)** führt ein markierter, unschwieriger Steig zumeist ohne nennenswerte Steigung in ca. 20 Minuten zu dem in einem kleinen Kessel versteckten **Eissee (4)**.

Die **Rückkehr zum Tauernhaus (1)** erfolgt auf der Anstiegsroute. Es empfiehlt sich aber, nachdem man den langen Weg bis zur Warnsdorfer Hütte zurückgelegt hat, hier zu nächtigen und anderntags noch auf das Gamsspitzl zu steigen. Wer mit dem Kleinbus anreiste, wird diesen lohnenswerten Gipfel u.U. noch am gleichen Tag dranhängen (siehe Tour 13).

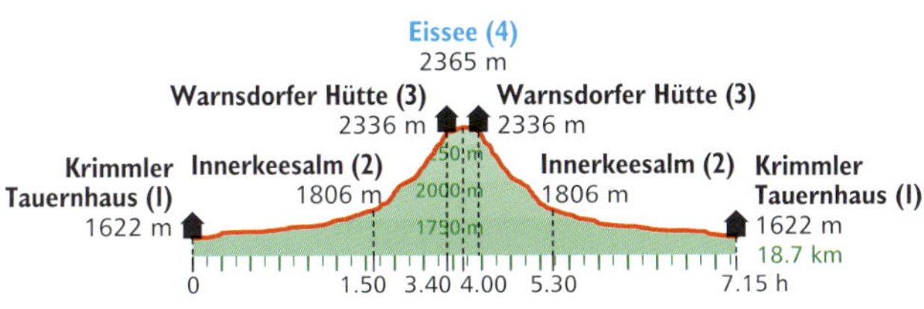

Gamsspitzl, 2888 m

3.00 Std.

Aussichtswarte zwischen Großvenediger und Dreiherrnspitze

Am Gamsspitzl, einem kecken Felshörndl zwischen Obersulzbach- und Krimmler Kees, erlebt man nach einem gletscherfreien Anstieg die Größe und Schönheit der beiden Gletscher mit ihren gewaltigen Bruchzonen und Spaltensystemen, die auf der Ostseite nahe an den Gipfel heranreichen. Das Krimmler Kees zählt in seiner Ausdehnung zu den konstantesten Gletschern der Ostalpen. Großvenediger und Dreiherrnspitze, zwei Paradegipfel der Ostalpen, stellen sich mit ihren Nachbarn auf imposante Weise zur Schau und über dem vorderen Achental beherrschen Gabler und Reichenspitze die Szenerie. Die Wanderroute bewegt sich ausschließlich in der Kernzone des Nationalparks.

Talort: Krimml, 1070 m.
Ausgangspunkt: Warnsdorfer Hütte, 2336 m. Zugang siehe Tour 12.
Höhenunterschied: 550 m.
Anforderungen: Alpiner, gletscherfreier Steig, u.U. Altschneefelder; steiler Gipfelaufbau, der Trittsicherheit und etwas Schwindelfreiheit erfordert.

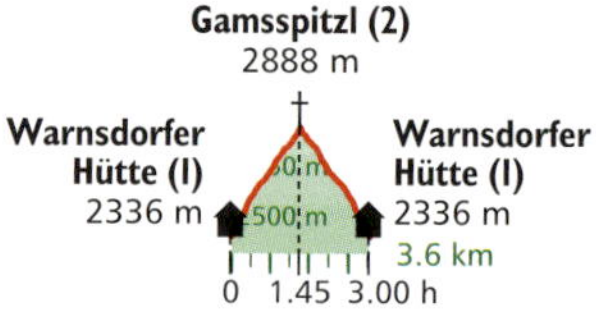

Einkehr: Warnsdorfer Hütte (AV, bew. Mitte Juni bis Ende Sept., 13 B., 55 L., Tel. +43 6564 8241 oder +43 664 1217076).
Variante: Schlieferspitze, 3289 m. Gletscherfreier Zugang (Weg 936) von der Warnsdorfer Hütte, nur für erfahrene Hochtouristen bei stabiler Wetterlage, ausreichender Sicht und günstigen Verhältnissen am Berg empfehlenswert (ca. 4 Std. Anstieg, Schwierigkeit »schwarz«, vorher Auskunft beim Hüttenwirt einholen!).

Einblütiges Hornkraut – Pionierpflanze im Geröll direkt neben der Gletscherzunge.

Am Gamsspitzl: Das blanke, gegen Sonneneinstrahlung ungeschützte Obersulzbachkees unterliegt verstärkt dem Abschmelzungsprozess. Hinten der Großvenediger.

Gleich hinter der Hütte **(1)** folgt man einem Steig (Weg 902) über einen steilen Gras- und Blockrücken, später auch über Gletscherschliffe, Schutt und Fels bis unter den Gipfelaufbau des **Gamsspitzls (2)**. Die Hälfte des Weges wird von einem unübersehbaren Steinmann in Gestalt eines großen, spitzen Steinzahnes markiert. Zuletzt steigt man direkt auf die Gratschneide und erreicht am leichtesten auf dem schmalen Steig links des Grates das Gipfelkreuz. Der **Abstieg** erfolgt ganz entlang der Anstiegsroute.

14 Gernkogel, 2267 m

5.00 Std.

Stiller Blumenberg vor vergletscherter Hochgebirgskulisse

Oberhalb eines schattigen Waldgürtels breiten sich weite, sonnenexponierte Bergmähder und blumenreiche Almwiesen zum aussichtsreichen Gipfel des Gernkogel hin, der zwar das ganze Jahr Besuch erhält, aber im Gegensatz etwa zum Wildkogel zu den stillen Bergzielen des Oberpinzgaues zählt. Neben der Stille schenkt der Berg als kostenlose Dreingabe noch ein Panorama, das keinen Vergleich zu scheuen braucht! Empfehlenswert ist ein Übergang auf den etwas höheren Laubkogel im Norden.

Talort: Wald im Pinzgau, 885 m. Bus- und Bahn von Zell am See.
Ausgangspunkt: Parkmöglichkeit an der Linkskurve vor dem Ederbauer, 1222 m. Zufahrt: Von Wald auf der alten Gerlospassstraße bis zur Km-Marke 23,2, dann rechts in den »Güterweg Walder Sonnberg« und auf schmaler Bergstraße etwa 2,4 km dem Ww. »Gernkogel« folgen.
Höhenunterschied: 1050 m.
Anforderungen: Almstraßen und vor allem Almsteige, die abschnittsweise zwar steil, aber ohne technische Schwierigkeiten sind. Bis zur Wurfalm überwiegend Wald, dann weitläufige, sonnenexponierte Grashänge, auf denen ausreichende Sicht erforderlich ist. Früher Aufbruch ratsam, Nur für ausdauernde, gehfreudige Kinder geeignet.
Einkehr: Keine Einkehrmöglichkeit auf der Tour!
Variante: In ½ Std. vom Gernkogel nordwärts zum Laubkogel (2317 m, »blau«).

Lacke mit Hütteltalkopf auf den Gernwiesen.

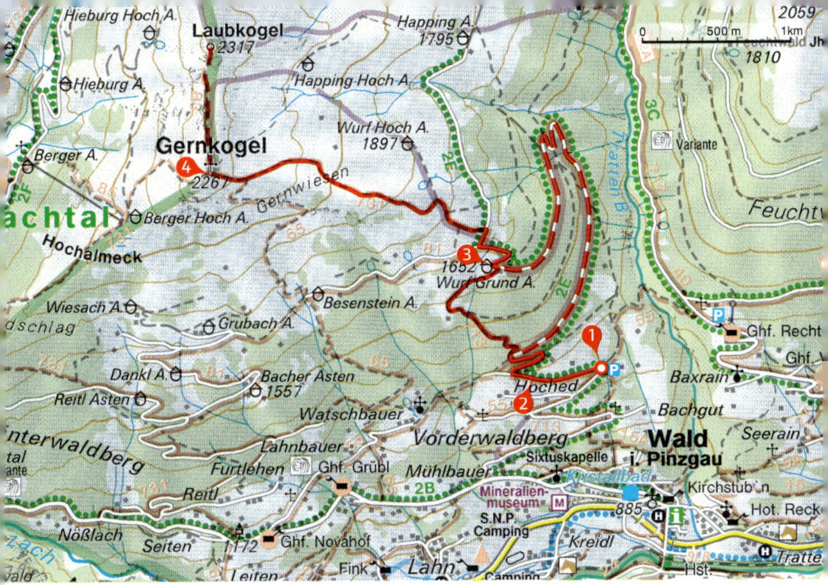

Vom Parkplatz **(1)** (Linkskehre) gehen wir auf der Asphaltstraße zum **Ederbauer (2)** weiter und folgen dahinter der Almstraße bis zur zweiten Rechtskehre, an der der alte, gut gangbare Almweg zur Wurfalm links abzweigt und in Schleifen durch den Wald zu zwei Hütten hinaufzieht. Hinter diesen geht es auf einem Traktorweg über Bergwiesen rechts zur **Wurfalm (3)** weiter. Hierher auch länger und bequemer auf der Almstraße. Dieser folgen wir von der Alm über eine Doppelschleife zur nächsten, gut sichtbaren Hütte. Dort halten wir uns wieder rechts und zweigen nach etwa 100 m auf Weg Nr. 731 links zum Gernkogel ab. Der zumeist gut erkennbare, markierte Pfad überwindet drei Überstiege und zieht dann westwärts über die großflächigen, blumenreichen Gernwiesen, die sich terrassenförmig aufbauen und von malerischen Heuhütten besetzt sind. Zuletzt geht es etwas steil über den grasigen, aber unschwierigen Ostgrat auf den aussichtsreichen **Gernkogel (4)**. **Abstieg** wie Aufstieg.

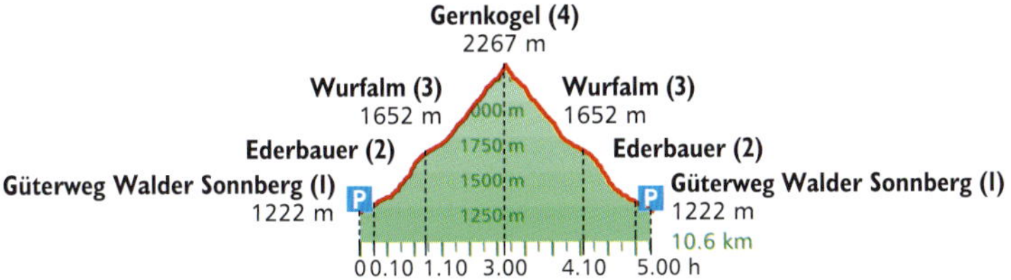

TOP **15**

Frühmesser, 2233 m, und Steinkogel, 2299 m

7.00 Std.

Höhenwanderung für Gipfelsammler

Die Wanderung von der Wildkogelbahn über den Frühmesser zum Steinkogel gleicht einem stundenlangen Gang auf einem Aussichtsbalkon über der Salzachfurche und garantiert bei gutem Wetter einen fantastischen Ausblick auf die Venedigergruppe sowie ins Habach-, Unter- und Obersulzbachtal. Als Blickfang erweist sich im Süden die majestätische Berggestalt des Großvenediger mit seinen vergletscherten Nachbarn und im Norden das Kalkriff des Großen Rettenstein. Neben dem Frühmesser und Steinkogel können mit Braunkogel, Großleitkopf (Grasleitkopf), Geige und Speikkogel mit geringem zusätzlichem Kraft- und Zeitaufwand noch vier unscheinbare Gipfel am Wegrand »mitgenommen« werden. Man sollte sich für diese Panoramatour einen ruhigen und stabilen Schönwettertag mit guter Sicht reservieren.

Talort/Ausgangspunkt: Neukirchen am Großvenediger, 857 m. Bahn und Bus von Zell am See, Wildkogelbahn (Tel. +43 6565 6405, Betrieb: Ende Mai bis Mitte Okt., 1. Bergfahrt 9.30 Uhr.
Höhenunterschied: 550 Hm am Weg, 650 Hm über alle sechs Gipfel Aufstieg und bis zu 1900 m Abstieg.
Anforderungen: Gut markierte, meist leichte Wanderwege und Steige (»blau«), lediglich im Gipfelbereich des Steinkogel an einigen Stellen »rot« (kurze Metallleiter und Drahtseile). Stabile Schönwetterlage und gute Kondition erforderlich, da langer, ungeschützter Kamm und wiederholter Wechsel im Gehrhythmus.
Einkehr: Bergrestaurant der Wildkogelbahn, Steineralm, Pension Buasen.

Der Frühmesser (links) und die Gletscherberge um den Großvenediger (rechts).

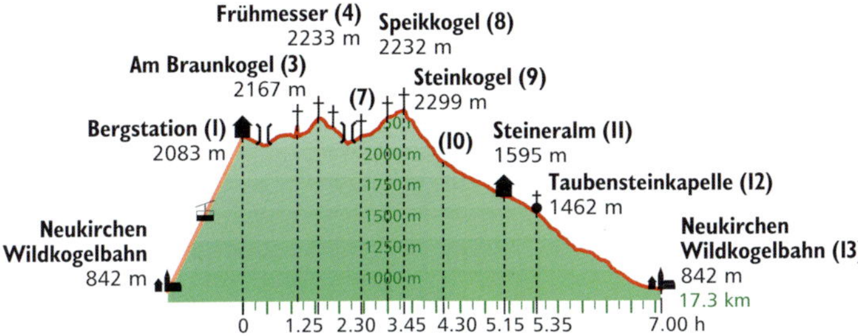

Beim Austritt von der **Bergstation (1)** ins Freie fesselt zuerst der Große Rettenstein im Norden unsere Augen. Der Weg Nr. 733 zum Frühmesser führt von der Bergbahn links zur **Gensbichlscharte (2)** mit dem im Sommer geschlossenen Ghf. Wolkenstein hinab und leicht steigend geradeaus zu einer Kapelle weiter, wo die Rundtour der Variante beginnt und der Pfad Nr. 740 rechts in Richtung »Herrensteigscharte, Rettenstein« abzweigt, den die Variante für den Rückweg wählt. Zum Frühmesser folgen wir dem Traktorweg geradeaus über einen freien Rücken zum **Braunkogel (3)**. Gipfelsammler können diesen auf übersichtlichem Gelände (Pfadspuren) problemlos besteigen; andernfalls wird er auf dem Fahrweg ostseitig umgangen. Lediglich der Abstieg über den Nordgrat in die Braunkogelscharte erfordert an einer kurzen Stelle etwas Trittsicherheit. Beide Routen treffen in der Nähe einer Liftstation unterm **Frühmesser (4)** wieder zusammen und führen gemeinsam auf den Gipfel. Wer nicht auf kürzestem Weg über die Aufstiegsroute zur Wildkogelbahn zurückkehren will, sondern eine Rundtour über die Herrensteigscharte bevorzugt, steigt am Nordwestgrat nur knapp 50 Hm bis zur nächsten Verzweigung ab und dreht dort rechts zur **Herrensteigscharte**, 2028 m, ab (20 Min.). Auch dort geht es rechts weiter (AV-Weg 740) und in langer Querung von freien Weidehängen (Ww. »Wildkogel-Bergstation, Wolkenstein«) über die **Gensbichlscharte** zur **Wildkogelbahn** zurück (insgesamt 1¼ Std.).

Die große Rundtour über die Geigenscharte und den Steinkogel trennt sich von der Frühmesser-Runde an der ersten Verzweigung hinter diesem Gipfel und steigt auf der linken Spur zur Geigenscharte ab, wobei sie den wenig auffälligen **Großleitkopf (5)** (Grasleitkopf) etwa 15 Hm unter dessen Gipfel passiert (ein wegloser Abstecher dorthin ist problemlos möglich) und kurz vor der Geigenscharte einen kleinen Gegenanstieg zu bewältigen hat. An der **Geigenscharte (6)** kreuzt unsere Route 733 den AV-Weg 715/716 und steigt dann am Kamm entlang an, aus dem der unscheinbare Gipfel der **Geige (7)** nur wenig herausragt und ohne Schwierigkeit zu besteigen ist. Der markierte Steig führt über gut gestufte Rücken auf eine Scharte hinter dem

Feuchtbiotop nahe der Geigenscharte mit Großem Rettenstein.

Speikkogel (8), der sich über einen harmlosen Grasrücken ebenfalls in wenigen Minuten erreichen lässt. Der Grat zum **Steinkogel (9)** baut sich nun immer mehr aus Felsblöcken auf, die durch zwei kurze Drahtseile und eine Metallleiter gesichert sind. Der Gipfel bietet eine bestechende Aussicht auf die Venedigergruppe, die Sulzbachtäler und sogar auf die Krimmler Wasserfälle. Der Abstieg nach Neukirchen verläuft zuerst durch ein blockiges und schuttreiches Kar, anschließend über gestufte Grasterrassen und durch Alpenrosenfelder zur **Unterburg Hochalm (10)**, vor der man auf einen Traktorweg trifft, der in weiten, ziemlich flachen Schleifen zur **Steineralm (11)** hinabführt. Dort legt man vor dem weiteren Abstieg gerne eine Erholungspause ein. Auf einer Almstraße geht es zur **Taubensteinkapelle (12)** (Steiner Kpl.) weiter und nach der folgenden Doppelkehre vom Fahrweg links ab. Auf einem Waldweg – bei Verzweigungen dem breiten Weg folgen! – geht es zu einer Wegteilung auf einer Wiesenterrasse hinab. Von dieser kann man links in den Dürnbachgraben absteigen und in diesem auf einer Forststraße talwärts wandern oder rechts zur Pension **Buasen** ausscheren, dort einkehren und auf einer Straße nach **Neukirchen (13)** hinabgehen. Beide Routen treffen vor Neukirchen wieder zusammen und erreichen den Ort auf einem beschilderten Wanderweg.

Vorstadl Hochalm
2114
Laub Kg.
Vorstadl A.
Westerach
Neu Alpe
Geisel Grund A.
Geige
2071
Hoch A.
Haferl Hoch A.
1841
Herrnsteig Sch.
Haferl Grund A.
Hafen Grund A.
2026
Geigen Sch.
2028
Speikkogel
2232
Hafen Hoch A.
1595
Geisl Mitter
2158
Grasleitkopf
Fleckl Grund A.
2269
2299
Steinkogel
Frühmesser
2233
Roßkogel
2092
Ganser Grund A.
1704
Geisl Hochalm
1868
Steiner Hinteralm
Rinderbirg A.
Hüttenkopf
2080
2167
Braunkogel
1957
Ganser Hoch
Unterburg Hoch A.
Ghf. Rettenstein
1845
Steiner Hoch A.
2185
Fleckl Hochalm
Wildkogel
2224
Gensbichler Sch.
Jh.
Alpenghf. Wolkenstein
2022
Wildkogelalm
Montlanger A.
2099
Ramba Zambar
Aussichts-Bergrest.
2005
Wildkogelhaus
Mountaincart
Rossberg (Trattenbacheck)
Unterburg A.
1595
Steineralm
Gensbichler Alpe
2059
Feuchtwald Jh.
1810
Alphagboden
Dürnbach
Dürnbach Wald
Panoramaweg
Nine Knights Trail
Wildkogel Trail
Vorstadl A.
1639
Bergeralm
Mittelstat.
1638
Bärbrunn Jh.
Steiner Kpl.
1462
Schweini's Downhill Bar
1482
Berger Jh.
Ganser Trat
Feuchtwald
Wiesbach
Wildkogelbahn
Rutschenweg
Mitterhohenbramberg
Taubenstein
Thürnerstube
Ghf. Stockenbaum
Hochseil-Klettergarten
Sonnenweg
Ghf. Rechtegg
Hochgugg
Hot. Buasen
Gensbichl
Ghf. Köchl
Hirz
Hasels-berg
Paggen
Alpenghf. Neuhaushof
Ghf. Venedigerhof
Brandl
Schloss
Samerhofstall
Rohregger
Vorstadl
Hot. Abelhof
858
Freizeit-zentrum
Hst. Vorstadl
Grub
Seerain
Hohenneukirchen
Schweini's
Novum
Neukirchen am Großvenediger
Venediger Siedlung
Neudau
Bhf.
Ob. Ascham
Jugendgästehaus Bärngartenhof
Hochseilgarten
R. Hieburg
Venedigerblick
Hot. Recke
Rosentalwirt
Tischler
Preimishof
Trattenbach
Rosental
Hst. Sulzbachtäler
Einöd
Rohrer
Hst. Rosental
Salzach
Polln Tratten
0
500 m
1 km

16 Wildkogel, 2224 m

4.00 Std.

Stelldichein für Wanderer, Biker und Paragleiter

Die Pinzgauer Dörfer Bramberg am Wildkogel und Neukirchen am Großvenediger haben sich mit der »Urlaubsarena Wildkogel« zu einem Ganzjahresmagneten für Freizeitsportler entwickelt und locken im Sommer vor allem Wanderer, Biker und Paragleiter auf den Berg, wo sie vor einer gigantischen Hochgebirgskulisse beste Bedingungen für ihre Freizeitgestaltung vorfinden. Der sagenhafte Ausblick auf die Nordseite der Gletscher und Berge des Nationalparks Hohe Tauern, besonders auf die Venedigergruppe, ruft allgemeine Bewunderung hervor und regt den Appetit zu einem Besuch dieser einzigartigen, geschützten Bergregion an.

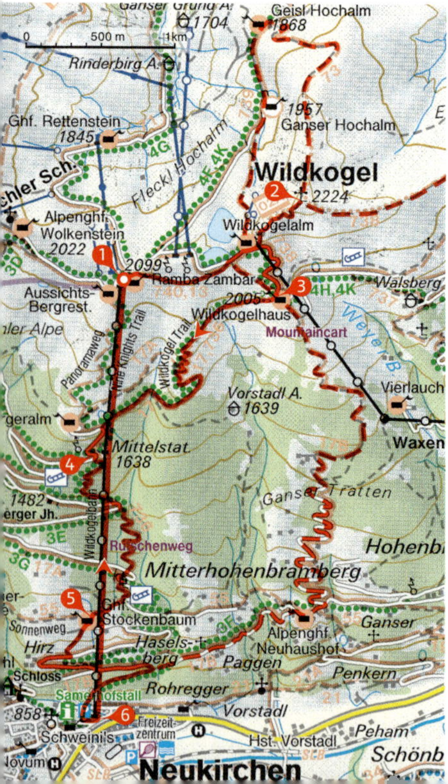

Talorte: Bramberg am Wildkogel, 819 m, und Neukirchen am Großvenediger, 857 m. Beide sind mit Bus und Bahn von Zell am See erreichbar.

Ausgangspunkt: Bergstation der Wildkogelbahn von Neukirchen, Betrieb: Ende Mai bis Mitte Okt., 1. Bergfahrt 9.30 Uhr, Tel. +43 6565 6405.

Höhenunterschied: 130 bis 230 m Aufstieg, 230 bzw. 1400 m Abstieg.

Anforderungen: Gut ausgebautes und bestens markiertes Wegenetz, das keine technischen Schwierigkeiten aufweist und reichen Gestaltungsspielraum bietet.

Einkehr: Bergrestaurant der Wildkogelbahn, Wildkogelhaus, Geisl-Hochalm, Ganser-Hochalm, Bergeralm, Stockenbaum, Neuhaus.

Varianten: 1. Panorama-Höhenweg: Bergstation – Wildkogel (2224 m) – Geisl-Hochalm (1868 m) – Ganser-Hochalm (1957 m, eine der ältesten Almen Salzburgs) – Bergstation (»blau«, 370 Hm, 2½ Std.).
2. Von der Bergstation auf den Wildkogel und von dort auf Weg Nr. 738 über Filzenhöhe (1927 m), Wetterkreuz (1768 m) und Unteraukreuz nach Bramberg hinab (»blau«, 130 Hm Aufstieg, 1400 Hm Abstieg, 4½ Std.). Von Bramberg mit dem Bus oder mit der Bahn zur Talstation zurück.

Am Wildkogel gegen Großvenediger (Mitte).

Wenn man von der **Bergstation der Wildkogelbahn (1)** ins Freie tritt, führt rechts ein Sträßchen und ein Wanderweg weiter. Letzterer bringt uns als Weg Nr. 13 in östlicher Richtung auf die **Wildkogelscharte** mit ihrem großen Speicherteich und über den Südwestgrat auf das aussichtsreiche Plateau des **Wildkogel (2)**. Von diesem gehen wir am Anstiegsweg zur Wildkogelscharte zurück, drehen dort links ab und wandern auf einer Straße zum unübersehbaren **Wildkogelhaus (3)** hinab. Für den Rückweg von diesem Unterkunftshaus ins Tal bieten sich mehrere Möglichkeiten: 1. In etwa 30 Min. zur **Bergstation** hinauf und mit der Bergbahn ins Tal. 2. Auf Weg Nr. 17 oder 17a in ¾ Std. über **Bergeralm** zur **Mittelstation (4)** und von dort mit der Bahn ins Tal oder am Fußweg über **Ghs. Stockenbaum (5)** bzw. von der Bergeralm am Güterweg nach Neukirchen. 3. Auch auf Weg Nr. 17b kann man vom Wildkogelhaus über **Ghf. Neuhaus** nach Neukirchen hinabwandern. Die Abstiegsrouten vom Wildkogelhaus nach **Neukirchen (6)** nehmen je etwa 2½ Std. in Anspruch.

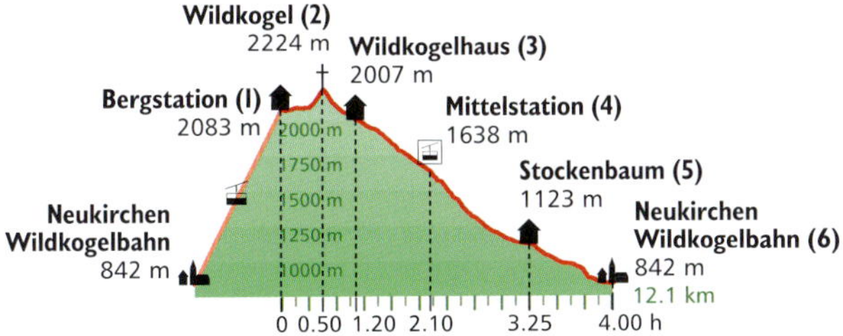

17 Seebachsee, 2083 m

6.00 Std.

Ein versteckter Karsee mit geschützter Uferflora

In einem Seitenast des Obersulzbachtales versteckt sich in einem stillen Karkessel der Seebachsee mit einer geschützten Uferflora. Von der Wanderung dorthin behält man neben dem See auch den brodelnden Obersulzbach, den oberen und unteren Seebachfall, die Aussicht von der Seebachalm ins Obersulzbachtal und zum Großen Geiger in Erinnerung.

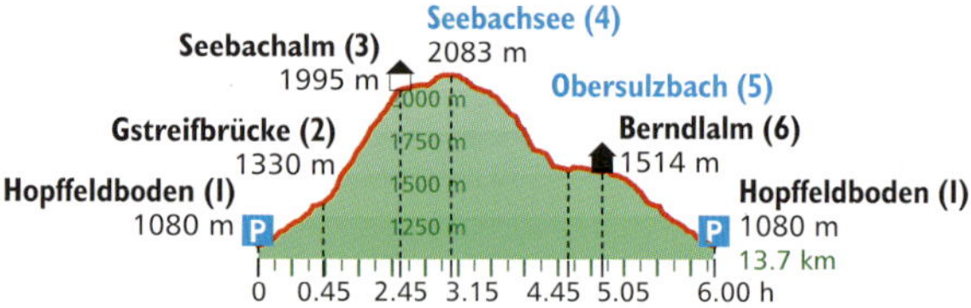

Oberer Seebachfall unterm Seebachsee, darüber der Söllenkarkogel.

Talort: Neukirchen am Großvenediger, 857 m. Bahn und Bus von Zell am See.
Ausgangspunkt: Hopffeldboden, 1080 m. Anreise: Bei Km-Marke 19,0 westl. von Neukirchen in die »Sulzbachtäler« abzweigen und hinter der Salzachbrücke rechts ins Obersulzbachtal.
Höhenunterschied: 1000 m.
Anforderungen: Straße und z. T. steiler Waldsteig zur Seebachalm, angenehmer Weg zum See, Wald- und Wiesensteig zur Schiedhof-(Posch-)alm, dann Straße.
Einkehr: Seebachalm (bew. Juli bis Anf. Sept., keine Übernachtungsmöglichkeit!), Berndlalm (privat, bew. Mai bis Mitte Okt., 27 B., Tel. +43 664 9166718, Nationalpark-Taxi).

Vom Parkplatz **Hopffeldboden (1)** gehen wir auf der Straße bis zur **Gstreifbrücke (2)**. Davor zweigen wir auf Weg Nr. 41 rechts ab und mühen uns im Zickzack über einen recht steilen Bergsockel. Etwa am Eintritt in die Nationalpark-Kernzone »normalisiert« sich die Steigung. Wir müssen noch einen Latschenhang und ein Blockfeld queren, ehe wir nach dem Gittl-Brunnen den einladenden Rastplatz an der **Seebachalm (3)** erreichen. Auf breitem Weg geht's flach zu einer weiteren Almhütte, dahinter links über den Seebach und in mäßiger Steigung am reizvollen oberen Seebachfall sowie an einem Hüttl vorbei in den Kessel des **Seebachsees (4)**.

Wer nicht auf gleicher, etwas kürzerer Route absteigen will, überquert beim Rückweg den Seebach nicht mehr, sondern steigt rechts davon auf markiertem Wald- und Wiesensteig zum **Obersulzbach (5)** ab und trifft nach dessen Querung vor der Schiedhofalm (ehem. Poschalm) auf die Talstraße. Auf dieser geht's links über die **Berndlalm (6)** zum **Hopffeldboden (1)** hinab.

Beschaulicher Rastplatz am Seebachsee, darüber der Foiskarkogel.

18 Foiskarsee, 2132 m

6.00 Std.

Einsamer Bergsee in einer stillen Nische über dem Obersulzbachtal

Die Wanderung zum Foiskarsee, einem stillen Bergsee über dem Obersulzbachtal, ist nicht so spektakulär wie manches andere Ziel und zählt deshalb auch in Zukunft zu den einsamen Touren im Nationalpark Hohe Tauern.

Talort: Neukirchen am Großvenediger, 857 m. Bahn und Bus von Zell am See.
Ausgangspunkt: Parkplatz Hopffeldboden, 1080 m, 5,6 km von der Salzachtalstraße. Westlich von Neukirchen zweigt man bei Km-Marke 19,0 in die »Sulzbachtäler« und hinter der Salzachbrücke rechts ins Obersulzbachtal ab.
Höhenunterschied: 1080 m.
Anforderungen: Straße bzw. breiter Wanderweg bis Schiedhofalm (früher: Poschalm). Erkennbarer, aber nicht gewarteter Almsteig zur Foiskaralmhütte und zum See, der stellenweise Trittsicherheit und ein waches Auge erfordert.
Einkehr: Berndlalm (privat, bew. Mai bis Mitte Okt., 27 B., Tel. +43 664 9166718).
Variante: Vom Hopffeldboden zur Berndlalm auf dem etwas längeren Wanderweg am Ostufer des Obersulzbaches über die Kampriesenalm oder mit dem hauseigenen Zubringerbus der Berndlalm.

Vom **Hopffeldboden (1)** wandern wir auf der Straße oder am Wanderweg (Variante) zum Gasthaus **Berndlalm (2)** hinauf. Dahinter geht's noch bis zur **Schiedhofalm** (ehemals Poschalm) weiter; das ist die zweite Alm hinter dem Gasthaus gegenüber von einem Wasserfall. Hier zweigt rechts der Weg Nr. 41 zum »Seebachsee« ab. Er überquert in der Nähe der Alm den **Obersulzbach (3)** und führt jenseits des Baches talwärts (!) schräg zum Wald hin. In diesem geht es etwa 80 Hm bis zu einer **Verzweigung (4)** vor dem Foisbach. Wir folgen dem linken Steig, der sich eine Stunde lang durch den Wald und über die südliche Begrenzungsrippe des Baches hinaufwindet, ehe er zunehmend freies Gelände erreicht und nach einer weiteren Viertelstunde eine Jagdhütte und die **Foiskaralmhütte (5)** sowie einen aus Natur-

Der Foiskarsee versteckt sich in einem stillen Karkessel.

steinen aufgeschichteten und mit Holzschindeln gedeckten Viehunterstand erreicht. Unmittelbar dahinter zieht zwischen dem Foisbach und einem Rinnsal eine felsige Rippe westwärts, die sich in einer Rampe zum Boden des **Foiskar** und zum Kessel um den **Foiskarsee (6)** fortsetzt. Entlang dieser Geländeformationen markieren Steindauben und alte Farbkleckse die Route zum See. Der **Abstieg** verläuft über die Aufstiegsroute.

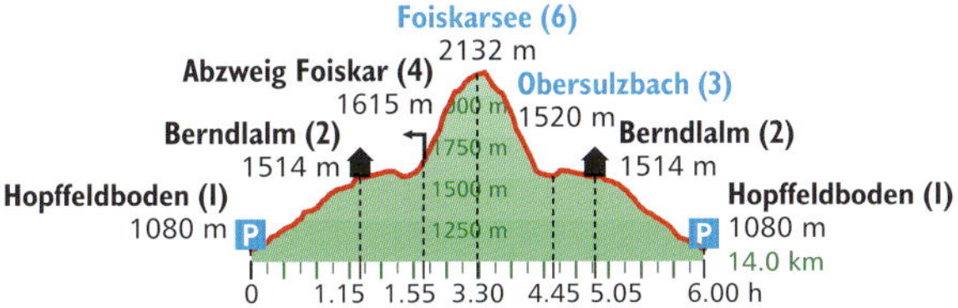

19 Berndlalm, 1514 m, und Postalm, 1699 m

4.45 Std.

Entlang eines wilden Gletscherbaches von Alm zu Alm

Wer die wilde, ungebändigte Kraft eines Gletscherbaches erleben will, dem kann man eine Wanderung ins Obersulzbachtal empfehlen. Bereits auf dem Weg zur Berndlalm brodelt und tost das graue Gewässer im engen Talgrund. Hinter dem Gasthaus flacht das Tal schlagartig ab und weitet sich zu einem von reizvollen Almen besetzten Trogtal, das der vergletscherte Große Geiger im Hintergrund abschließt. Das klassische Bild eines Tauerntales!

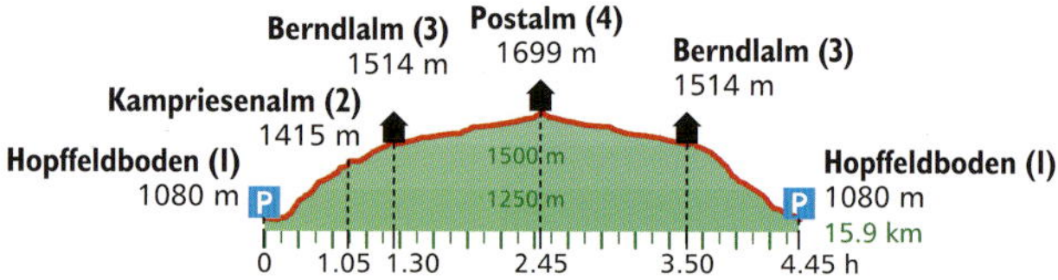

Talort: Neukirchen am Großvenediger, 857 m. Bahn und Bus von Zell am See.
Ausgangspunkt: Parkplatz Hopffeldboden, 1080 m. Anreise: Bei Km-Marke 19,0 westlich von Neukirchen in die »Sulzbachtäler« abzweigen und hinter der Salzachbrücke rechts ins Obersulzbachtal.
Höhenunterschied: 640 m.
Anforderungen: Wanderweg zur Kampriesenalm, sonst nur Sträßchen.
Einkehr: Berndlalm (privat, bew. Anf. Mai bis Mitte Okt., 25 B. + 17 L., Tel. +43 6565 6566 oder +43 664 9166718), Postalm (1699 m, privat, bew. 1 Woche vor Ostern bis Anf. Okt., 28 Schlafplätze, Tel. +43 664 1116520).
Variante: Vom Parkplatz mit Nationalpark-Taxi zur Postalm nach telefonischer Anmeldung am Vortag (+43 6565 6520), dann Wanderung talwärts.

Postalm und Großer Geiger.

Obersulzbachtal oberhalb der Postalm.

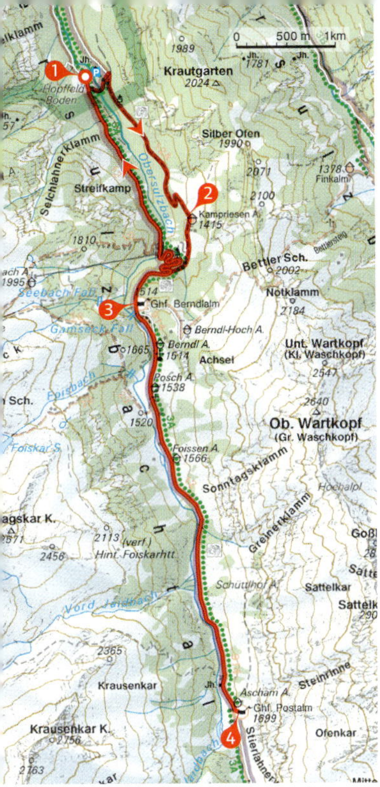

Seebachfall bei der Berndlalm.

Vom Parkplatz **Hopffeldboden (1)** kann man auf der Straße oder dem reizvollen Venedigerweg zur Berndlalm hinaufgehen. Letzterer führt vom Parkplatz auf einer Hängebrücke über den Obersulzbach und auf der östlichen Talseite meist durch Wald zur **Kampriesenalm (2)**. Einige Minuten hinter den Hütten zweigt links vom Sträßchen ein Weg ab, auf dem man ohne Höhenverlust den folgenden Graben quert und gleich darauf die Straße zur **Berndlalm (3)** erreicht. Kurz vor dem Gasthaus bietet sich ein großartiger Blick zum Seebach- und zum Gamseckfall. Die weitere Wanderroute verläuft auf dem breiten Wirtschaftsweg und an mehreren Almen vorbei zur **Postalm (4)**. Sie bietet einen Energielehrpfad und ist Einkehrstation sowie Stützpunkt für weitere Unternehmungen im Obersulzbachtal (Touren 20/21). Auf der Talstraße wandern wir zum **Hopffeldboden (1)** zurück.

20 Gletscherweg Obersulzbachtal, 2230 m

4.00 Std.

Ein Gletscher zieht sich zurück

Am »Gletscherweg Obersulzbachtal« werden uns in Verbindung mit dem gleichnamigen Führer auf 20 Stationen landschaftliche Veränderungen als Folge des Gletscherschwundes vorgestellt und erläutert. Durch den Klimawandel wich die Zunge des Obersulzbachkeeses innerhalb von 150 Jahren (1850 bis 2000) um 2,7 km zurück und verlor im Großkar bis zu 150 m an Dicke. Besonders auf der Kürsinger Hütte (Tour 21) sieht man, dass das größte Kees der Venedigergruppe bereits zu Teilgletschern geschrumpft ist.
Um die Bergfahrt zeitlich auf ein angenehmes Maß zu beschneiden, nächtigen wir vorher auf der Postalm (Tour 19) oder lassen uns vom Hopffeldboden mit einem Nationalpark-Taxi zum Materialaufzug der Kürsinger Hütte fahren. Anschlusstouren: 21/22.

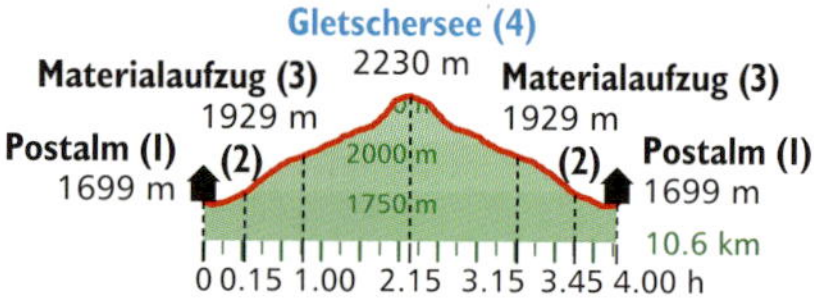

Gut gesicherter Gletscherweg.

Talort: Neukirchen am Großvenediger, 857 m. Bahn und Bus von Zell am See.
Ausgangspunkte: Postalm, 1699 m. Anreise und Zugang wie Tour 19. Materialaufzug der Kürsinger Hütte (1929 m, hierher vom Parkplatz Hopffeldboden mit Nationalpark-Taxi (telefonische Voranmeldung).
Höhenunterschied: 530 m ab Postalm, 300 m ab Materialaufzug.
Anforderungen: Sträßchen zum Materialaufzug, dann Wanderweg mit mäßiger Steigung bis zu einem Steg (»blau«), dahinter stellenweise »rot«.
Einkehr: Postalm (1699 m, privat, bew. eine Woche vor Ostern bis Anf. Okt., 28 Schlafplätze, Tel. +43 6565/6520 oder +43 664 1116520).
Hinweis: Der ÖAV hat einen von Dr. H. Slupetzky verfassten Führer »Gletscherweg Obersulzbachtal« herausgegeben; Verkauf beim Tourismusverband Neukirchen.

Kleine »Eisberge« schwimmen vor dem Gletschertor des Obersulzbachkeeses, darüber der Große Geiger.

Der Gletscherweg beginnt bei der **Obersulzbachhütte (2)** (¼ Std. oberhalb der **Postalm (1)**); bis hierher reichte um 1850 der Gletscher. Auf der Straße geht es in Schleifen weiter zum **Materialaufzug (3)** der Kürsinger Hütte (Station 3), hinter der wir in die Kernzone des Nationalparks eintreten. Mit nur geringer Steigung wandern wir über den Oberen Keesboden, an Moränen, Gletscherschliffen und -töpfen, an alten Messmarken und ersten Bäumchen vorbei zu einem Steg (Station 14), wo wir von der Ost- auf die Westseite des Obersulzbaches wechseln. Eine Tafel warnt uns: »Weitergehen im hochalpinen Gelände nur für Erfahrene und Geübte!« Der weitere Weg ist gut markiert, manchmal mit Seilgeländern gesichert und bei schneefreien Verhältnissen an einigen Stellen mit »rot« einzustufen. Bei den letzten Haltepunkten vor dem heutigen **Ende des Lehrweges (4)** bieten sich großartige Bilder auf den Großvenediger und den Großen Geiger sowie auf Gletscherbach, -zunge, -tor und -see, die aus Sicherheitsgründen aber nicht betreten werden dürfen. Mit Erstaunen entdeckt man im Sand am Gletscherrand bereits erste Pionierpflanzen. Auf gleichem Weg kehren wir zum Ausgangspunkt zurück.

21 Kürsinger Hütte, 2558 m

3.15 Std.

Wichtigste Hütte der Venedigergruppe mit Gletscherpanorama

Die traditionsreiche Kürsinger Hütte hat sich nach mehreren Umbau- und Erweiterungsmaßnahmen bis heute zu einem Ensemble von sechs Gebäuden entwickelt. Diese stehen auf einer abdachenden Geländeterrasse mit erstklassiger Aussicht auf die Gipfel- und Gletscherwelt um den Großvenediger. Das Haus gilt nicht nur als bedeutendste und am besten ausgestattete Schutzhütte in der Venedigergruppe, sondern zählt zu den schönsten ihresgleichen in den gesamten Ostalpen. Der Großvenediger ist der Magnet, der ab dem Frühjahr zuerst die Skitourengeher, später die Bergsteiger anzieht. Achtung! Der »Winterweg« zur Kürsinger Hütte ist im Sommer nicht mehr begehbar (mehrere Tote durch Felssturz!); An- und Abstieg nur über den »Sommerweg«!

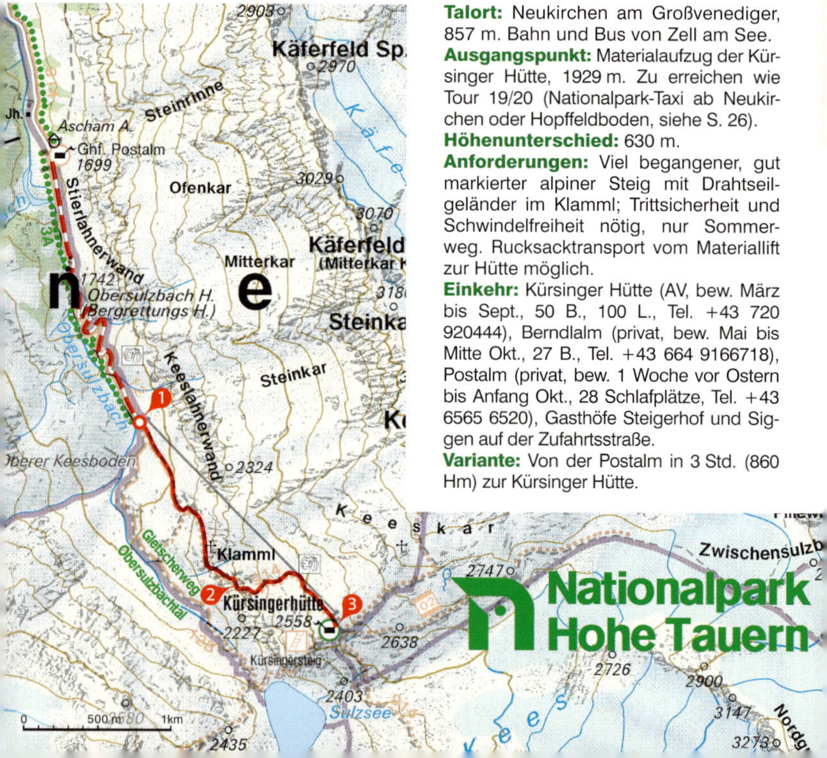

Talort: Neukirchen am Großvenediger, 857 m. Bahn und Bus von Zell am See.
Ausgangspunkt: Materialaufzug der Kürsinger Hütte, 1929 m. Zu erreichen wie Tour 19/20 (Nationalpark-Taxi ab Neukirchen oder Hopffeldboden, siehe S. 26).
Höhenunterschied: 630 m.
Anforderungen: Viel begangener, gut markierter alpiner Steig mit Drahtseilgeländer im Klamml; Trittsicherheit und Schwindelfreiheit nötig, nur Sommerweg. Rucksacktransport vom Materiallift zur Hütte möglich.
Einkehr: Kürsinger Hütte (AV, bew. März bis Sept., 50 B., 100 L., Tel. +43 720 920444), Berndlalm (privat, bew. Mai bis Mitte Okt., 27 B., Tel. +43 664 9166718), Postalm (privat, bew. 1 Woche vor Ostern bis Anfang Okt., 28 Schlafplätze, Tel. +43 6565 6520), Gasthöfe Steigerhof und Siggen auf der Zufahrtsstraße.
Variante: Von der Postalm in 3 Std. (860 Hm) zur Kürsinger Hütte.

Kürsinger Hütte, Großer Geiger (links) und Obersulzbachkees.

Den **Materiallift (1)** am **Oberen Keesboden** erreicht man beliebig zu Fuß, mit dem Rad oder mit dem Kleinbus des Zubringerdienstes durchs Obersulzbachtal. Kurz hinter dem Aufzug folgt man dem linken Pfad, der schon bald die Kernzone des Nationalparks betritt. Bei einer weiteren Verzweigung bleibt man erneut links. Der Weg windet sich zuerst über Schutt und Blockwerk, dann felsig zu einem markanten Eck hinauf, hinter dem die interessante, in Fels gesprengte und mit Seilgeländer gesicherte Steiganlage übers **Klamml (2)** beginnt. Dahinter führt der Pfad im Bereich des Aufzugs über felsdurchsetzte Grashänge zu den Gebäuden der **Kürsinger Hütte (3)**. Der **Abstieg** vollzieht sich auf der bekannten Anstiegsroute.

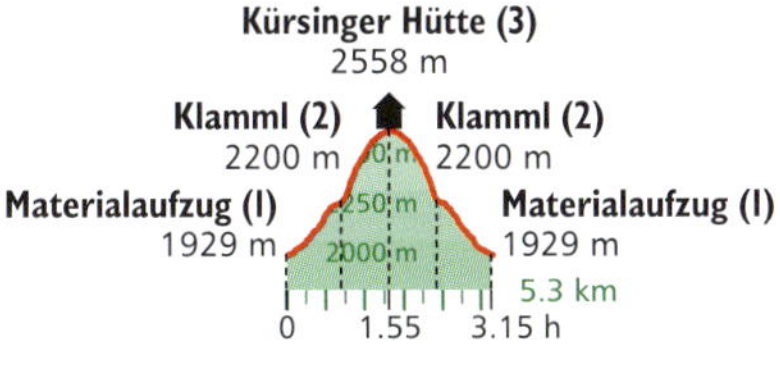

TOP **22** **Keeskogel, 3291 m** **4.30 Std.**

Anspruchsvoller Steig auf das Vis-à-vis des Großvenedigers

Obwohl ein gut markierter, gletscherfreier und in Gipfelnähe mit einem dünnen Drahtseil gesicherter Steig auf den Keeskogel führt, sollte die Tour vom Wanderer nur bei günstigen sommerlichen Verhältnissen durchgeführt werden. Um auch an Sommertagen in der beachtlichen Höhe von fast 3300 Metern günstige Bedingungen (Firn auf den steilen Altschneefeldern und eisfreier Fels) anzutreffen, ist es u.U. ratsam, von der Hütte nicht zu früh aufzubrechen, sich dort vorher aber in jedem Fall zu erkundigen. Der Ausblick auf den Großvenediger und die riesigen Gletscher in seinem Umfeld ist eine Wucht!

Talort: Neukirchen am Großvenediger, 857 m. Bahn und Bus von Zell am See.
Ausgangspunkt: Kürsinger Hütte, 2558 m; Zugang wie Tour 21.

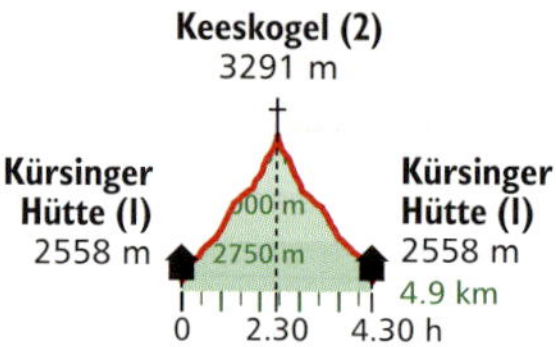

Höhenunterschied: 730 m.
Anforderungen: Die Tour darf vom Wanderer nur bei stabilem Schönwetter und günstigen Bedingungen am Berg (eisfreier Fels und aufgefirnte Altschneefelder) mit festem Schuhwerk durchgeführt werden. Alpine Erfahrung, Trittsicherheit und Schwindelfreiheit ist im brüchigen und blockigen Steilgelände des Gipfelgrates unerlässlich!
Einkehr: Auf der Tour keine. Kürsinger Hütte (AV, bew. März bis Sept., 50 B., 100 L., Tel. +43 720 920444).
Variante: Großvenediger mit Bergführer.

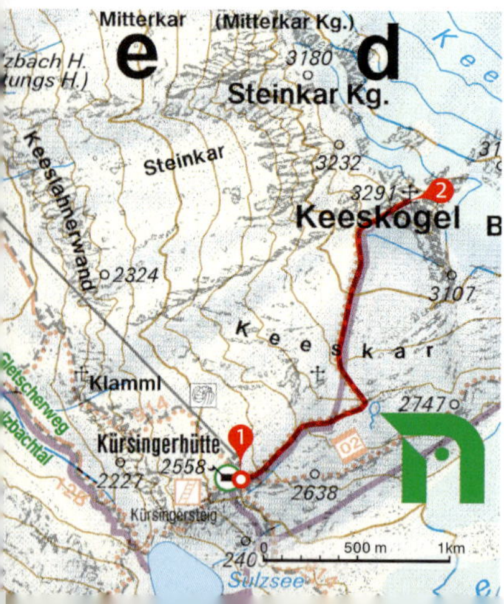

Auf der Südostseite der **Kürsinger Hütte (1)** laufen drei Wege fächerförmig auseinander. Der linke Pfad führt zum **Keeskogel (2)**. Auf diesem steigt man zuerst ostwärts über eine Rippe an, quert danach ein Blockfeld und erreicht schließlich einen kleinen Wassergraben. Links davon führen eine kurze Rippe, dann ein Schutthang und zuletzt eine kleine Steilstufe (bei Hartschnee gefährlich!) auf eine kleine Schulter. Nun legt sich das Gelände mehr und mehr zurück. Der markierte Steig windet sich durch ein ausgedehntes Blockfeld, ehe er über einen Block-

Der Großvenediger steht dem Keeskogel direkt gegenüber.

rücken dem Gipfelgrat zustrebt, der auf den letzten 100 Metern beachtlich aufsteilt und leichte Kletterei sowie sicheres Gehen auf Schuttbändern erfordert. Das dünne Drahtseil kurz unter dem höchsten Gipfel dieses Wanderführers sollte man mit der nötigen Vorsicht gebrauchen. **Abstieg** nur am Anstiegsweg!

23 Schaubergwerk Hochfeld, 1100 m

4.00 Std.

Blick ins Tauernfenster und in die einstige Arbeitswelt der Bergknappen

Am Ausgang des Untersulzbachtales stürzt der gleichnamige Bach rund 80 m in eine enge, düstere Felsschlucht und zeigt sich dem Wanderer als sehenswertes Naturdenkmal (Regenbogen und Leuchtflechten an den Felswänden der tiefen Schlucht). Einen besonderen Höhepunkt der Tour bildet das Schaubergwerk Hochfeld. Bei der mehrjährigen und mit großem Idealismus erfolgten Freilegung und dem Ausbau der ehemaligen Bergwerksschächte wurde besonderer Wert auf den Erhalt des ursprünglichen Charakters gelegt. Die knapp zweistündige Führung durch das ehemalige Kupferbergwerk erfolgt auf individuelle Weise in Kleingruppen. Sie vermittelt einen sehr anschaulichen Einblick in die harte Arbeitswelt der einstigen Bergknappen und in die wechselvolle, rund 500-jährige Geschichte der Anlage. Fachleute erklären dabei auch die Entstehung und den geologischen Aufbau der Hohen Tauern (Tauernfenster) mit ihren Gesteinen und Mineralien und zeigen im Eingangsbereich höhlenliebende Tiere, sodass die Zeit in der »Unterwelt« wie im Flug verrinnt.

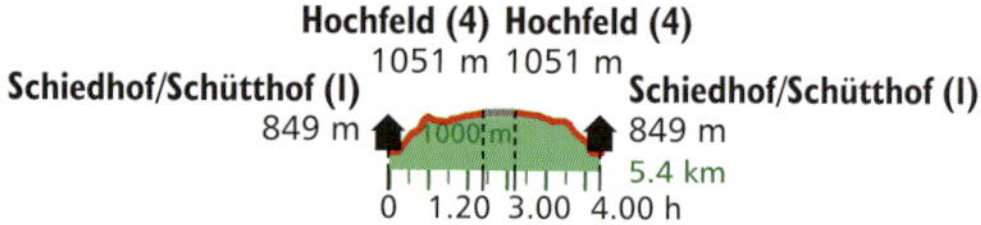

Im Schaubergwerk Hochfeld: Alte Förderanlage (links) und fachkundige Führung (rechts).

Die Erdfaltung wird in den unterschiedlichen Gesteinen besonders deutlich.

Talort: Neukirchen am Großvenediger, 857 m. Bahn und Bus von Zell am See.
Ausgangspunkt: Schiedhof bzw. Ghs. Schütthof, 849 m. Bei Km-Marke 19,0 westl. von Neukirchen zum Schaubergwerk Hochfeld abzweigen und hinter der Salzachbrücke links ins Untersulzbachtal.
Höhenunterschied: 250 m.
Anforderungen: Breiter, etwas steiler, aber gut gesicherter Rundweg am Wasserfall. Sträßchen zum Bergwerk. Beleuchtete, gut gangbare und gesicherte Stollen, Treppen und Leitern im Bergwerk (regelmäßige Kontrolle). Hängebrücke und Waldsteig am Rückweg. Im Bergwerk sind festes Schuhwerk und warme Kleidung erforderlich (auch im Sommer nur +6 Grad C.), Helm wird gestellt. Führungen Anfang Juni bis Mitte Okt. vom Mo. bis Sa. jeweils um 11.00 und 14.00 Uhr. Tel. Anmeldung am Vortag ist erforderlich (+43 6562 4084933).
Einkehr: Schütthof, Betriebsgebäude des Schaubergwerks.

Vom **Schiedhof (1)** wandern wir auf einem Sträßchen südwärts zu einem Gatter und dahinter geradewegs auf den **Wasserfall** zu. Rechts davon geht es am Knappenweg im Wald steil bergan. Schon bald treffen wir auf eine **Aussichtskanzel (2)**, ehe sich der Steig bis zum höchsten Punkt des Rundweges hinaufwindet. Nach kurzem Abstieg wechseln wir auf einem Steg aufs östliche Bachufer und treffen bald auf eine **Verzweigung (3)**. Links geht es am »Rundweg« zum Schiedhof zurück, rechts zu einem Sträßchen und auf diesem stets links des Baches zum Eingang und Betriebsgebäude des **Schaubergwerkes Hochfeld (4)**. Nach der Führung kehren wir zum Rundweg **(3)** zurück und steigen rechts des Wasserfalles zum **Schiedhof (1)** ab.

24 Untersulzbachtal

4.45 Std.

Ein imposanter Wasserfall und zwei gastliche Almen

Am Ausgang des Untersulzbachtales stürzt der gleichnamige Gletscherbach rund 80 m in eine düstere, von Leuchtflechten besetzte Felsschlucht. Ein sehenswertes Naturdenkmal! Oberhalb des Wasserfalles kann man auf einem Sträßchen bequem ins Untersulzbachtal hinaufwandern, um die Fink- und Stockeralm einen Rundweg beschreiben und/oder auf der Route von Tour 25 zur unbewirtschafteten Aschamalm bzw. zum Untersulzbachkees hinaufwandern.

Talort: Neukirchen am Großvenediger, 857 m. Bahn und Bus von Zell am See.
Ausgangspunkt: Schiedhof bzw. Ghs. Schütthof, 849 m. Bei Km-Marke 19,0 westl. von Neukirchen in die »Sulzbachtäler« abzweigen und hinter der Salzachbrücke erneut links (»Untersulzbachtal«).
Höhenunterschied: Finkalm 530 m, Stockeralm 420 m, Wasserfall-Rundweg 200 m.
Anforderungen: Breiter, etwas steiler, aber gut gesicherter Rundweg am Wasserfall, dann Sträßchen und Almweg.
Einkehr: Schütthof, Stockeralm (Tel. +43 664 9861041), Finkalm (Tel. +43 664 514 7611; alle bew. Juni mit Sept.).

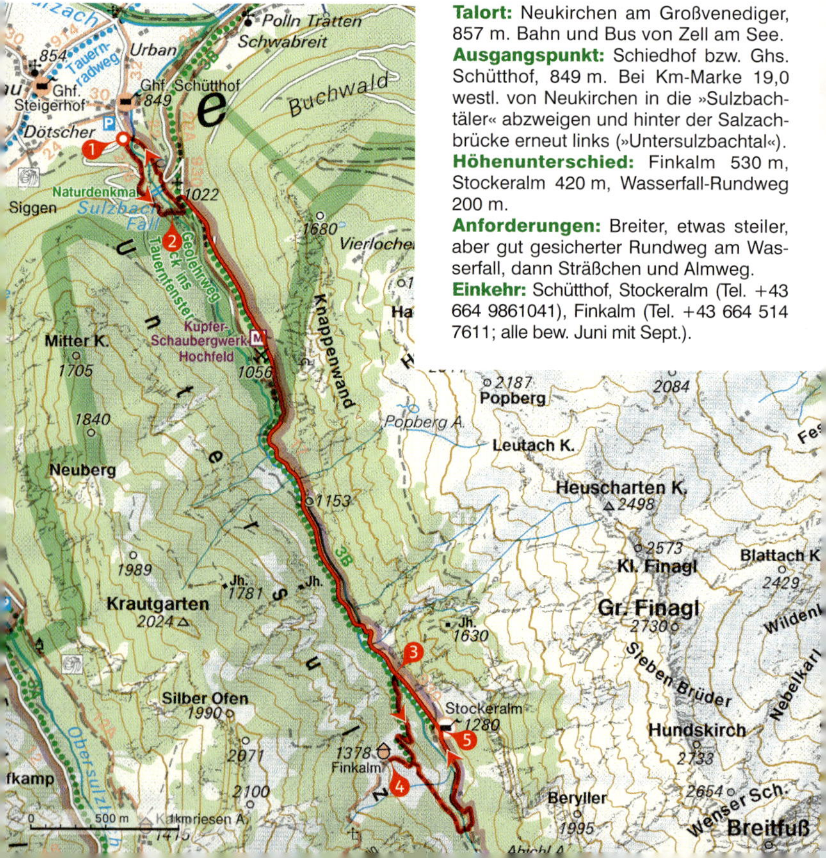

Der Trog des oberen Untersulzbachtales: Urland und Sonderschutzgebiet.

Der Untersulzbach stürzt am Talausgang 80 m in eine enge Schlucht.

Vom **Schiedhof (1)** wandert man auf einem Sträßchen südwärts zu einem Gatter und dahinter geradewegs auf den **Wasserfall** zu. Rechts davon geht es am **Knappenweg** im Wald steil bergan. Schon bald trifft man auf eine fotogene Aussichtskanzel, ehe sich der Steig bis zum höchsten Punkt des Rundweges hinaufwindet, nach kurzem Abstieg zu einem Steg **(2)** aufs östliche Bachufer wechselt (Venedigerblick) und auf der anderen Bachseite talwärts verläuft bzw. zu einer Forststraße hinausführt. Dieser folgen wir weit über eine Stunde in Richtung »Stockeralm 17« bzw. »Finkalm« talaufwärts und haben dabei den Kleinvenediger gewissermaßen als Führer vor Augen. Vor den beiden Almen teilt sich das Sträßchen **(3)**: rechts **Finkalm (4)** – links **Stockeralm (5)**. Beide bieten in den Sommermonaten Einkehrmöglichkeit und sind durch einen Rundweg verbunden, der etwa 10 Minuten oberhalb der Stockeralm auf einem Steg den wilden Gletscherbach quert. Auf bekannter Route geht es wieder zum Ausgangspunkt **(1)** zurück.

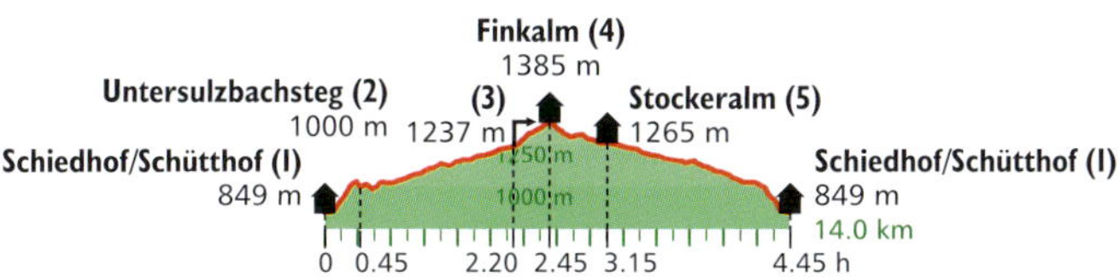

25 Untersulzbachkees, ca. 2130 m

6.00 Std.

Ein Sonderschutzgebiet mit nur wenigen menschlichen Spuren

Das obere Untersulzbachtal ist das am wenigsten erschlossene Tauerntal dieses Büchleins und genießt den Status eines Sonderschutzgebietes. Der Wanderer dringt dabei in eine naturbelassene Hochgebirgslandschaft mit nur wenigen menschlichen Spuren, also in Urland vor. Da die Route von der Aschamalm bis zur Gletscherzunge des Untersulzbachkeeses nur mit Steindauben markiert ist und oft nur undeutliche Wegspuren zu erkennen sind, spricht die Tour vor allem Menschen mit Pfadfinderqualitäten und alpiner Erfahrung an.

Talort: Neukirchen am Großvenediger, 857 m. Bahn und Bus von Zell am See.

Ausgangspunkt: Stockeralm, 1265 m. Zugang wie Tour 24 oder mit Nationalpark-Taxi von Neukirchen (tel. Voranmeldung +43 6565 6437 oder +43 664 9861041) bzw. mit Fahrrad vom Schiedhof (849 m) in 1¼ Std.
Höhenunterschied: Gut 910 m (kleine Gegenanstiege).
Anforderungen: Wanderweg bis Aschamalm, dann nur noch Pfadspuren mit Steindaubenmarkierung. Alpine Erfahrung und ausreichende Sicht erforderlich.
Einkehr: Stockeralm, bew. Juni mit Sept.

Von der **Stockeralm (1)** geht es zunächst auf breitem Wanderweg zum flachen, weiten Kessel der Aschamalm. Dabei kommen wir zuerst an einer Privathütte vorbei und weichen weiter oben den Trümmern eines Bergsturzes rechts aus. Die kleinen Hütten der **Aschamalm (2)** lassen wir links liegen, folgen dem Ww. »Zum Gletscher« in den hintersten Talkessel und überschreiten bei einer Steinmauer die Grenze zum »Sonderschutzgebiet Untersulzbachtal«. Es folgt eine Geländestufe mit einem ziemlich verwachsenen Erlengürtel, der sich mit zunehmender Höhe lichtet. Bei einer Talverengung geht es zuerst dicht an einem

Das Gletschervorfeld des Untersulzbachkeeses ist Sonderschutzgebiet.

Felssockel vorbei und dann an- und etwas absteigend um ein Felseneck herum in einen Kessel. Nach ca. 150 Hm ist eine nasse Felsschulter (Schlüsselstelle) zu überwinden, der man auch links über Grasbänder ausweichen kann. Darüber erreicht man seitlich von mächtigen Gletscherschliffen eine mäßig steile Mulde und bald darauf einen Geländeknick. Nun breitet sich ein riesiger, nahezu ebener Geröllboden zum **Untersulzbachkees** und zu dessen **Gletschertor (3)** hin. Die Route von der Stockeralm bis hierher verläuft stets auf der Ostseite des Untersulzbaches. Hin- und **Rückweg** sind gleich.

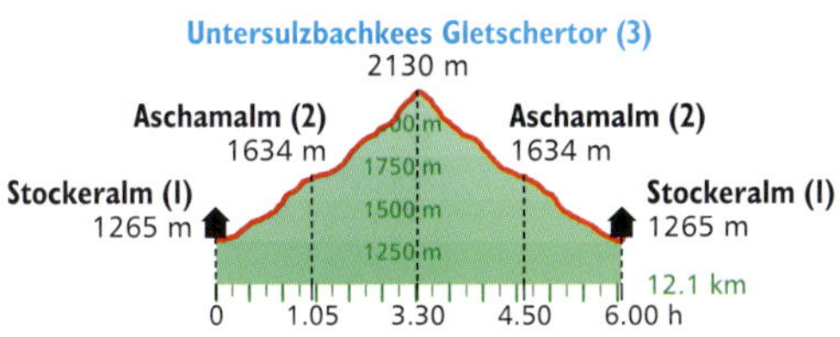

26 Habachtal

5.00 Std.

»Steinerne Geschichten« im Tal der Smaragde

Das Habachtal hat als einzige Smaragdfundstelle Europas einst Berühmtheit erlangt. Einheimische bergen hier auch heute noch kostbare Schätze, von denen man einige im Museum in Bramberg bewundern kann. Der Wanderer erfährt am familienfreundlichen »Smaragdweg« vom wilden Taleingang bis zu der im Originalzustand erhaltenen Moaralm nicht nur Interessantes über Geologie und Mineralien, sondern lernt auch den besonderen Charakter des Tales kennen, das sich mit zunehmender Höhe von einem V- zu einem Trogtal wandelt und von Gletscherbergen abgeschlossen wird.

Talort: Bramberg am Wildkogel, 819 m
Ausgangspunkt: Parkplatz Habachtal, 850 m. Anreise: Von Weyer (zwischen Bramberg und Neukirchen) zum Parkplatz ins Habachtal; die Zufahrt ist beschildert.
Höhenunterschied: Ca. 580 m.
Anforderungen: Wanderweg, Almstraße.
Einkehr: Habachklause, Enzianhütte (bew. Juni mit Sept., 50 L. + B., Tel. +43 6566 7383), Ghf. Alpenrose (bew. Pfingsten bis Anf. Okt., 30 L. + 30 B., Tel. +43 663 916 8022), Moaralm (bew. Mitte Juni bis Mitte Sept., Tel. +43 664 3519966).
Varianten: 1. Von der Moaralm in den hinteren Talkessel (Wasserfall und reiche Hochgebirgsvegetation, knapp 3 Std. hin und zurück).
2. Von Juni bis Anfang Sept. jeweils am Do. Mineralienexkursion, Auskunft und Anmeldung über Tel. +43 720 710730.

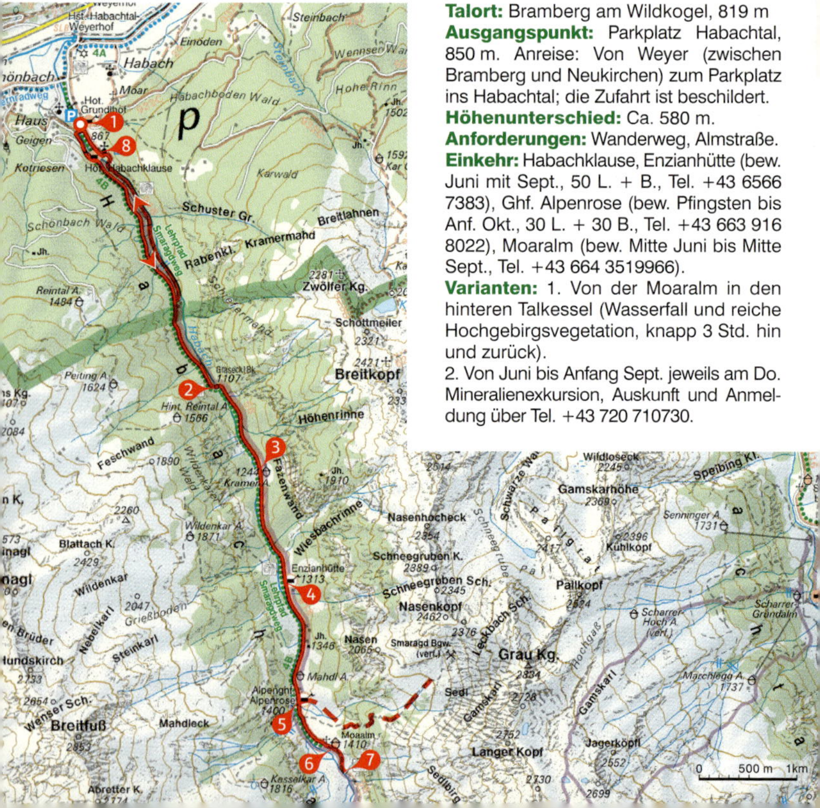

Die Moaralm wird heute noch auf altherkömmliche Weise bewirtschaftet.

Am **Parkplatz Habachtal (1)** beginnt bei einem Steinbogen der Smaragdweg, der im Sommer viele Besucher anlockt, mit spektakulären Aussichtspunkten (Blick in die Klamm, Mitten im Wildbach), interessanten Infostationen (Quellenreich, Fazenwand-Sage) und abwechslungsreichen Spielplätzen (Grüner Boden, Echostein) gestaltet ist. Er informiert uns auf sehr anschauliche Weise über die Entstehung der Alpen und die Ausformung des Habachtales sowie über seine Mineralienschätze. Der Themenweg wechselt bei der **Grasecklbrücke (2)** vom West- auf das Ostufer des Habachs und steigt über die **Wennseralm (3)** und die **Enzianhütte (4)** noch bis zum **Gasthof Alpenrose (5)** an. Dahinter flacht das Gelände zur **Moaralm (6)** und zur **Tagweide (7)**, dem Endpunkt des Smaragdweges, deutlich ab. Mit der Variante 2 und der Tour 27 kann die Bergfahrt ins Habachtal verlängert werden. Für den Rückweg bieten sich die Aufstiegsroute mit einer Einkehrschleife über die **Habachklause (8)** oder ein Tälertaxi an.

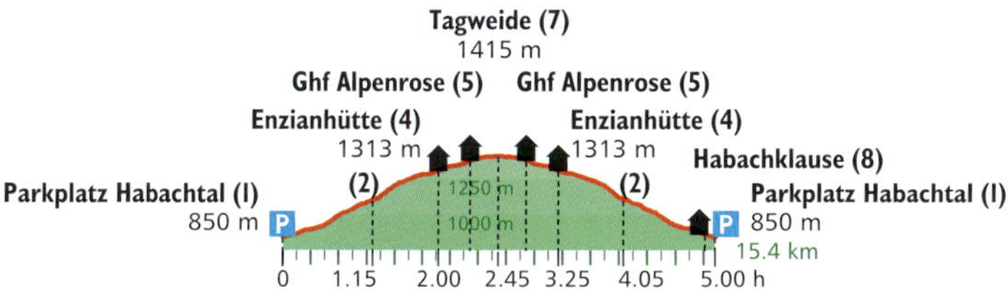

27 Neue Thüringer Hütte, 2212 m

5.15 Std.

Bergsteigerstützpunkt über dem hintersten Habachtal

Die Neue Thüringer Hütte steht vor der Kulisse der das Habachkees im Süden einrahmenden Dreitausender über einer Steilstufe des vegetationsreichen Talschlusses inmitten des Nationalparks. Ihr Hüttenberg, der Larmkogel, ist einer der leichteren, gletscherfreien Dreitausender – mit großartiger Aussicht auf die markantesten Gipfel der Hohen Tauern und weit darüber hinaus.

Talort: Bramberg am Wildkogel, 819 m.
Ausgangspunkt: Gasthof Alpenrose, 1384 m (evtl. nach vorheriger Nächtigung). Zugang zum Gasthaus von der Habachklause in 2½ Std. (siehe Tour 26) oder mit Zubringerbus von Bramberg bzw. Habachklause (Tel. +43 6566 73900).
Höhenunterschied: 860 m.
Anforderungen: Alpiner Steig, teilweise über Steilgelände mit guter Seilsicherung, Trittsicherheit erforderlich. Der Normalweg ist einfacher, aber deutlich länger.
Einkehr: Ghf. Alpenrose (bew. Mitte Mai bis Mitte Okt., 30 B. + 40 L., Tel. +43 664 9168022), Neue Thüringer Hütte (AV, bew. Ende Juni bis Ende Sept., 30 B. + 50 L., Tel. +43 664 4273214). Moaralm.
Varianten: 1. Larmkogel, 3022 m, gletscherfreier Aussichtsberg, 2½ Std. über die Larmkogelscharte (»rot«, siehe Tour 32). 2. Übergang zur Fürther Hütte über die Larmkogelscharte in ca. 3 Std. und Abstieg durch das Hollersbachtal (siehe Rundtour 3, S. 161), Schwierigkeit »rot«.

Die Neue Thüringer Hütte mit Habachkees, Plattigem Habach und Fürlegg (von links).

Vom **Ghf. Alpenrose (1)** auf der Straße zur **Moaralm (2)**, dann auf der östlichen Talseite in die **Keesau (3)** (Wegteilung). Die **Normalroute** führt geradeaus in den hintersten Talkessel zum Habachwasserfall und dort in einem weiten Linksbogen auf eine **Geländeterrasse (5)**; über diese geht's nordwärts zur **Thüringer Hütte (4)**. Der um etwa 1 Std. kürzere und schwierigere Steig über **Noitroi** zweigt links ab, müht sich etwa 300 Hm über eine z.T. seilgesicherte Steilstufe und zieht dann über angenehme Matten nach rechts zur Unterkunft. Als **Abstieg** wählt man meist den Normalweg.

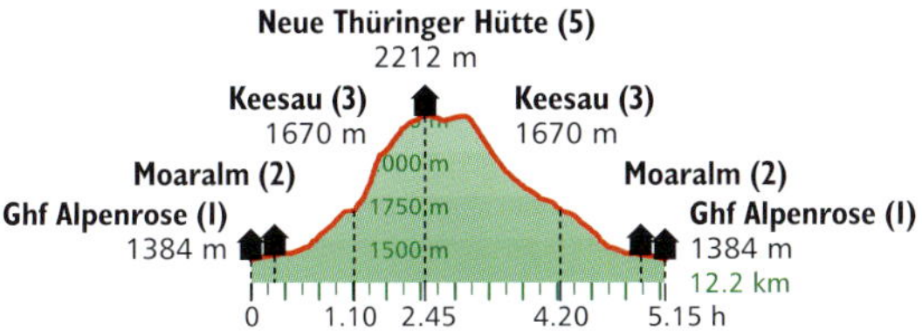

28 Karsee, 2085 m, und Zwölferkogel, 2281 m

7.30 Std.

Stiller Bergsee und Aussichtswarte zum Salzachtal

Bei den Gipfeln auf der Südseite des Salzachtales kommt gleich mehrfach der Name »Zwölfer« vor; ein Zeichen, dass die Menschen des oberen Pinzgaus die Bergspitzen seit alters nach dem Sonnenstand benannten. Die Wanderung auf den Zwölfer über Wenns und Bramberg zählt zu den langen Touren dieses Führers, da sie in der Sohle des Salzachtales beginnt. Sie hat mit der unbewirtschafteten Karalm und dem Karsee zwei Teilziele und mit dem Breitkopf bzw. dem Elfer zwei zusätzliche, anspruchsvolle Gipfel als Varianten zu bieten, sodass sich jeder ganz nach seinem Konditionsstand »austoben« kann. Bis zur Karalm ist ein sehr breiter Waldgürtel zu durchqueren, erst hier wird das Gelände frei.

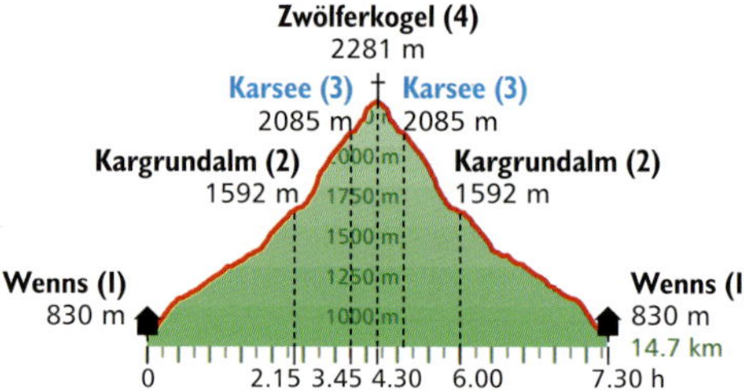

Talort/Ausgangspunkt: Bramberg, Ortsteil Wenns südlich der Salzach, Parkmöglichkeit im Eingangsbereich des Dorfes, 830 m.

Höhenunterschied: Karalm ca. 750 m, Karsee ca. 1250 m, Zwölfer ca. 1450 m vom Tal.

Anforderungen: Waldweg und Forststraße bis Karalm (Schwierigkeit »blau«), Steig zum Karsee (Schwierigkeit »blau« bis »rot«), schmaler Steig zum Zwölfer (Schwierigkeit »rot«).

Einkehr: Keine Einkehrmöglichkeit! Genügend Flüssigkeit mitnehmen!

Varianten: 1. Breitkopf, 2421 m. Für Konditionsstarke mit alpiner Erfahrung ein lohnendes Ziel über dem Karsee. Route: Östlich des Sees an Steinmannmarkierung südwärts zur Karscharte, davor im Rechtsbogen steil über einen grasdurchsetzten Blockhang, unter dem felsigen Gipfelaufbau rechts zum Nordgrat und über den Grashang nach links zum Gipfel (Schwierigkeit »rot«, lange Zeit Altschnee, dann »schwarz«, 1¼ Std. vom Karsee, ausreichende Sicht, Trittsicherheit und Schwindelfreiheit erforderlich!).
2. Elfer, 2190 m. Etwas unterhalb des Seeabflusses zweigt ostwärts ein schmaler, markierter Steig über sehr steile Grashänge zum Elfer ab (Schwierigkeit »rot« bis »schwarz«, Trittsicherheit und Schwindelfreiheit erforderlich, besondere Vorsicht bei Nässe, ca. ¾ Std. im Anstieg). Beide Varianten erfordern festes, kantiges Schuhwerk mit guter Profilsohle.

Südwärts durch das Dorf **Wenns (1)**, bei den letzten Häusern rechts Abzweigung des Weges »Karalm/ Zwölfer«. Kurz an einem kleinen Graben entlang, durch den Wald zu einer Forststraße, hier links zu einer weiteren Forststraße, auf dieser rechts bis kurz hinter eine Linkskehre und nun auf dem alten Almweg rechts weiter. Bei einer in den Boden eingelassenen Wasserrinne wird links zwischen Hoch- und Jungwald eine lohnende Abkürzung »Karalm/Zwölferkogel« angeboten. Auf ihr gelangt man eine Etage höher wieder zum Almweg, dann links zu einer nahen Wegkreuzung und über sie gerade (südostwärts) hinweg. Bald darauf gelangt man bei einer Wasserrinne rechts auf einem Waldsteig zur Wegverzweigung »Bramberg – Habach« (beim Abstieg beachten!). Dahinter geht's bei einem Gatter links an einer Jagdhütte vorbei zum breiten Almweg (auf dem die längere Variante von Bramberg heraufführt). Kurz darauf tritt man an der Waldgrenze in den Kessel der **Kargrundalm (2)** (großer Viehunterstand). Nun geht man zunächst auf den **Wasserfall** zu, steigt links davon durch lichten Lärchenbestand auf eine Geländestufe und rechts zum Bach. Zuletzt führt der Weg an den Grundmauern der verfallenen **Hochalm** vorbei (Außenzone des Nationalparks) und über Matten zum **Karsee (3)**. Zum **Zwölferkogel (4)** geht's rechts am See entlang über steile Grashänge in die Scharte südlich des Gipfels; nun rechts über einen Grasgrat, am Vorgipfel links vorbei und über ein weiteres Schartl auf den aussichtsreichen Gipfel. **Abstieg** wie Anstieg.

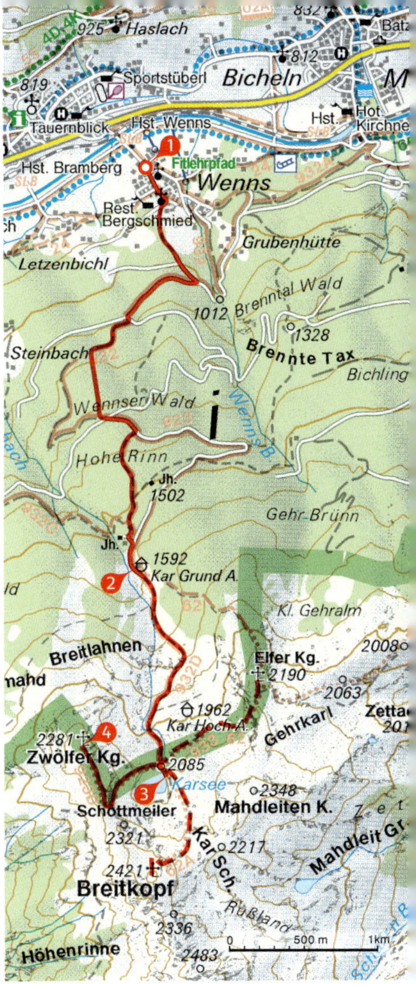

Bild S. 90: Karsee und Zwölfer, ein verträumter Winkel über dem Salzachtal.

3.30 Std.

Zweitausender, 2005 m, und Roßgruber, 2156 m

29

Schaufenster zum Nationalpark Hohe Tauern

Über den Höhenzug, der sich von der Resterhöhe zum Zweitausender, Roßgruber(kogel) und Stangenjoch erstreckt, spannt sich ein Netz von Wegen und Sträßchen, das von vielen Wanderern und Bikern wegen ihres einfachen Geländes geschätzt wird und einen umfassenden Überblick über die Berge, Täler und Dörfer der Nordseite des Nationalparks Hohe Tauern bietet. Vor allem die Venedigergruppe zeigt sich hier von ihrer ganzen Größe und Majestät. Wer gerne auf Forststraßen unterwegs ist, kommt hier voll auf seine Kosten. Die freien Bergkuppen sind allerdings von zahlreichen Skilifts besetzt, lediglich der Roßgruber, der sich als spitzes, grünes Horn von den runden Buckeln zwischen Resterhöhe und Zweitausender abhebt, blieb von der Verdrahtung verschont; er ist ein lohnendes Ziel für trittsichere und schwindelfreie Wanderer.

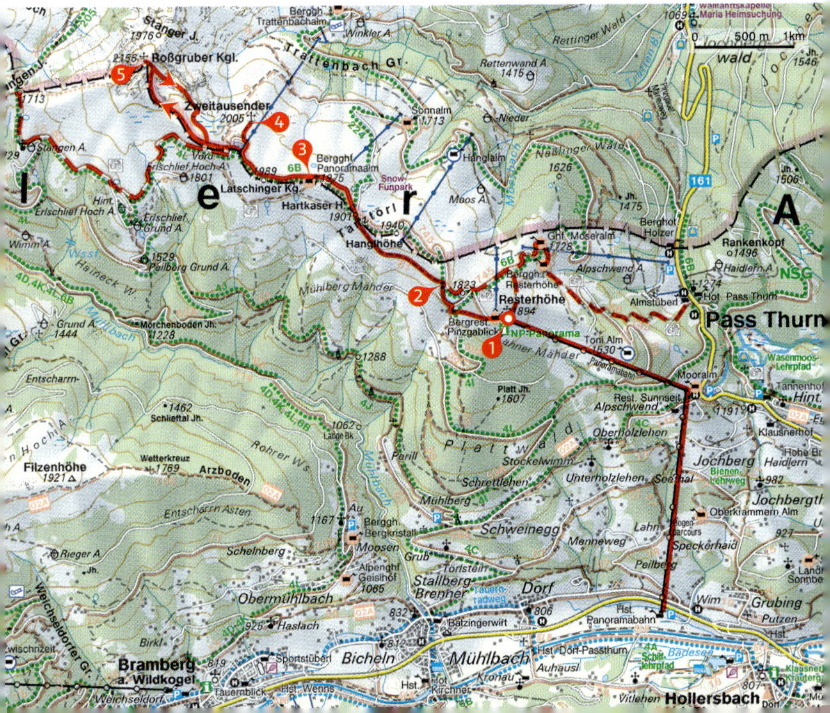

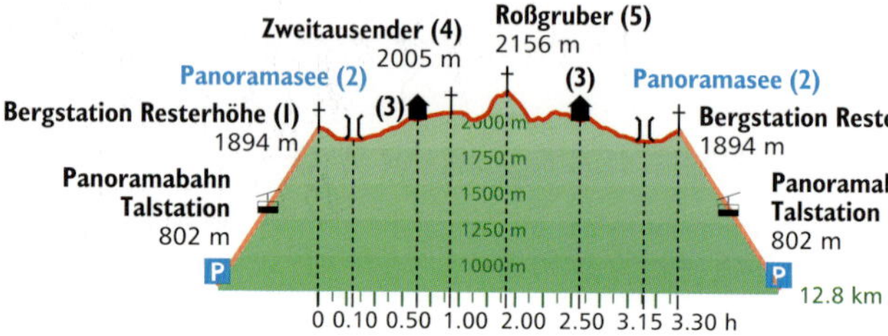

Talort: Hollersbach, 807 m.
Ausgangspunkt: Resterhöhe, 1894 m, Bergstation der Panoramabahn von Hollersbach (Mitte Juni bis Mitte Okt., 8.45 bis 16.30 Uhr, Tel. +43 6562 7010).
Höhenunterschied: Bis Zweitausender 280 m, bis Roßgruber 550 m.
Anforderungen: Straßenbreite Wanderwege bis über den Zweitausender hinaus (»blau«), lediglich der Steig zum Roßgruber erfordert im Gipfelbereich Trittsicherheit und etwas Schwindelfreiheit (»rot«).
Einkehr: Panoramaalm, Moseralm, Restaurant Sunnseit an der Mittelstation, Gasthäuser am Pass Thurn und in Hollersbach.
Varianten: 1. Vom Straßenscheitel am Pass Thurn (1274 m, Bushaltestelle) auf Weg Nr. 745/61 zuerst durch steilen Wald, dann am Rande von Bergweiden und über Feuchtgelände zum Schutzhaus und anschließend zur Bergstation der »Doppelsesselbahn Resterhöhe« hinauf (1½ Std. ab Passhöhe). Zum Gipfel der Resterhöhe müssen wir hier und etwa 100 m danach jeweils links abzweigen und erreichen sie in 25 Min. auf Pfadspuren und über unschwieriges Weidegelände. Die Resterhöhe kann man auch auf einem eben verlaufenden Sträßchen in 20 Min. nordseitig zum Panoramasee umgehen und trifft dort wieder auf die Hauptroute.
2. Von der Resterhöhe zum Wildkogel (ca. 750 Hm, gut 7 Std., stellenweise »rot«, meist »blau«, nur bei sicherer Schönwetterlage. Einkehrmöglichkeit auf der Panoramaalm und an der Wildkogelbahn). Auf der Hauptroute zum Zweitausender, davor links zum Stangenjoch (1713 m) hinab. Von dort auf das Schöntaljoch (2030 m, etwa halbe Wegstrecke) und über die Südflanke des Gr. Rettenstein zum Steinfeldjoch hinab (1997 m). Am welligen Kamm südwestwärts über die Gernscharte (1978 m), Mitterwaldscharte (2034 m) und nordwestseitig um den Laubkogel herum zur Herrensteigscharte (2028 m). Von dort am linken, welligen Weg ostseitig am Frühmesser und Braunkogel vorbei zur Gensbichlscharte (2022 m) und zur Bergstation der Wildkogelbahn (2083 m) hinauf. Mit dieser nach Neukirchen am Großvenediger hinab und mit dem Bus zur Talstation der Panoramabahn in Hollersbach zurück.
Tipp: Wasenmoos. Zauberhaftes Hochmoor mit Nordlandcharakter südöstlich vom Pass Thurn. Präparierte Pfade mit aufschlussreichen Infostationen ab Pass.

Von der Bergstation auf der **Resterhöhe (1)** gehen wir links auf einem Sträßchen zum **Panoramasee (2)** hinab, um diesen wahlweise links oder rechts herum zu einer Wegteilung und dann am aussichtsreichsten und kürzesten am linken Weg über die Südseite der Hanglhöhe zum Tanztörl und zu der hinter der Hartkaserhöhe versteckten **Panoramaalm (3)** hinauf. Bis zur Bergstation der »DSB Zweitausender« steigt das Sträßchen nur noch geringfügig an. Von dieser erreichen wir auf einem Pfad in fünf Minuten den be-

scheidenen, aber reizvollen Gipfel des **Zweitausender (4)** zur Rechten, der als Minimalziel anzusehen ist und keinerlei Schwierigkeiten aufweist.
Wer den Roßgruber besteigen will, wandert hinter der Bergstation auf dem Sträßchen in einen **Sattel** hinab und überwindet dort auf einem Überstieg einen Zaun. An diesem entlang und über den anschließenden Rücken erreichen wir eine Vorkuppe und rechts durch eine kleine Senke den zuletzt steilen und schmalen Südostgrat des **Roßgruber (5)**, dem wir bis zum Gipfel folgen. **Abstieg** wie Aufstieg. Unwesentlich schwieriger, aber recht reizvoll können wir vom Roßgruber entlang des gesamten **Südostgrates** in die große Mulde vor dem Zweitausender absteigen und von dort rechts zur Aufstiegsroute hinüberqueren. Auf dieser kehren wir zum **Ausgangspunkt (1)** zurück.

Der Südgrat des Roßgruber erfordert zuletzt Trittsicherheit.

30 Vorderes Hollersbachtal

4.00 Std.

Bachlehrweg an rauschenden Bergwassern

Wer vom Pass Thurn südwärts fährt, blickt direkt ins Hollersbachtal. Vom Eingang bei einem kleinen Stausee bis zum Ende beim Materialaufzug der Fürther Hütte ist es ca. 12 Kilometer lang. Auf knapp der Hälfte dieser langen Strecke wurde am Ostufer des Baches ein Lehrweg mit Schautafeln errichtet. Sie informieren über den geologischen Aufbau des Tales, über die Kraft des Wassers, über Schluchtwaldpflanzen, den biologischen Abbau alter Baumstämme, über Kleinlebewesen, Säugetiere, Vögel und heimische Fische am und im Bergbach.

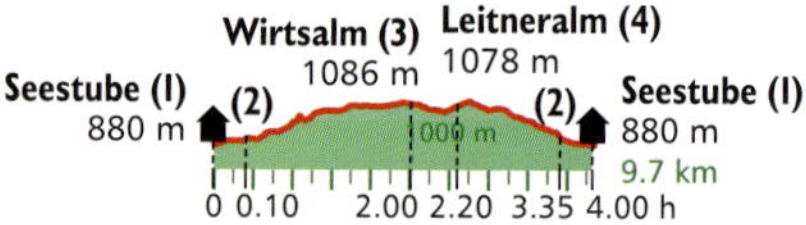

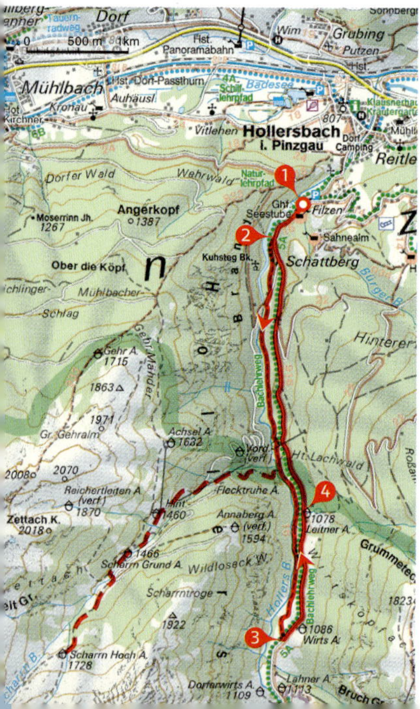

Talort: Hollersbach, 807 m.

Ausgangspunkt: Parkplatz am Eingang ins Hollersbachtal vor dem Gasthof Seestube (Stausee), 880 m. In Hollersbach fährt man bei der Brücke links oder rechts des Baches aufwärts und trifft nach ca. 1 km an der Linkskehre der Straße auf einen Parkplatz und auf die Abzweigung des Weges ins Hollersbachtal.

Höhenunterschied: 350 m, da mehrfaches Auf und Ab am Lehrpfad.

Anforderungen: Gute Wanderwege und Almstraße ohne Schwierigkeiten.

Einkehr: Gasthof Seestube (ganzjährig bewirtschaftet, keine Schlafplätze), Senningerbräualm (bewirtschaftet Ende Mai mit Sept., 4 B. + 10 L.).

Varianten: 1. Man kann von der Wirtsalm noch beliebig weit ins Tal hineinwandern und trifft bei der Senningerbräualm und der Edelweißhütte auf eine Einkehrmöglichkeit (siehe Tour 31).

2. Nach etwa zwei Dritteln des Lehrweges trifft man auf eine an einem Drahtseil aufgehängte Brücke, hinter der ein gut erkennbarer, aber nicht markierter Weg über eine Waldstufe am steilen Südostufer des Scharnbaches entlang ins gleichnamige Tal hinaufführt und ein sehr ursprüngliches und einsames Terrain betritt (Scharnalm am Eintritt in das Hochtal, 1466 m, ca. 1¼ Std., unbew.; weitere Hütte nach zusätzl. 45 Min. auf 1728 m).

Frühjahrsschmelzwasser im Hollersbachtal.

Vom **Parkplatz (1)** beim kleinen Stausee am Taleingang folgt man dem Ww. »Fürther Hütte«. Ein Sträßchen führt zunächst am **Gasthof Seestube** vorbei und erreicht nach 10 Min. eine Weggabelung, an der rechts der **Bachlehrweg (2)** abzweigt und stets am Ostufer des Baches in mehrfachem Auf und Ab talaufwärts führt. Die schattige Bachau und mehrere Brunnen lassen die Wanderung auch im Sommer zu einer angenehmen Betätigung werden. Bei der **Wirtsalm (3)** trifft man auf die Talstraße, die sich als Alternative für den **Rückweg** anbietet. Ca. 50 Hm Gegenanstieg hat man bei der **Leitneralm (4)**.

31 Neue Fürther Hütte, 2201 m

10.00 Std.

Zwei zauberhafte Hochmoore und ein großer Bergsee

Enger und steiler baut sich das Hollersbachtal über seiner Sohle auf als manches der anderen Tauerntäler. Dazu birgt es eine Reihe landschaftlicher und naturkundlicher Besonderheiten, die bleibende Eindrücke vermitteln und den Reiz des großartigen Tales unterstreichen: Ausblick von der Leitneralm, Seebachfall am Hüttenweg und andere schöne Wasserfälle, Ofnerboden mit verlandendem See und der Steigklamm mit der Geierschlafwand (im Sommer nächtigen hier zeitweise Weißkopfgeier), Vordermoos und Hintermoos mit Sommerflora und Bachmäandern. In dem vor Ort erhältlichen Naturführer Hollersbachtal wird dieses ausführlich dargestellt.
Über dem Nordostufer des Kratzenbergsees, dem größten Bergsee des Nationalparks, hat die Sektion Fürth für ihre Hütte einen idealen Standplatz gewählt. Da den Gipfeln um das Tal das Flair etwa eines Großvenedigers fehlt, reduziert sich der Andrang der Bergsteiger meist auf ein angenehmes Maß. Als Wanderer kommt man hier voll auf seine Kosten und sollte einen mehrtägigen Aufenthalt auf der Hütte in Erwägung ziehen. Zum Wanderprogramm um die Fürther Hütte zählen neben den Varianten auch die Tour 32 und die Rundtour 3 vom Habach- ins Hollersbachtal (S. 161).

Neue Fürther Hütte und Tauernkogel.

Verträumte Almhütten im herbstfarbenen Hollersbachtal.

Die Bachmäander im Vordermoos unter dem Larmkogel.

Talort/Ausgangspunkt: Hollersbach, 807 m. Parkplatz am Eingang ins Hollersbachtal, 880 m. Von der Ortsmitte 1 km am Hollersbach aufwärts bis zur Linkskehre der Straße (Ww. »Neue Fürther Hütte«).

Höhenunterschied: 1400 m vom Taleingang, ca. 600 m vom Materialaufzug.
Anforderungen: Sträßchen bis Materialaufzug, dann gut markierter Weg, ebenso am Bachlehrpfad.

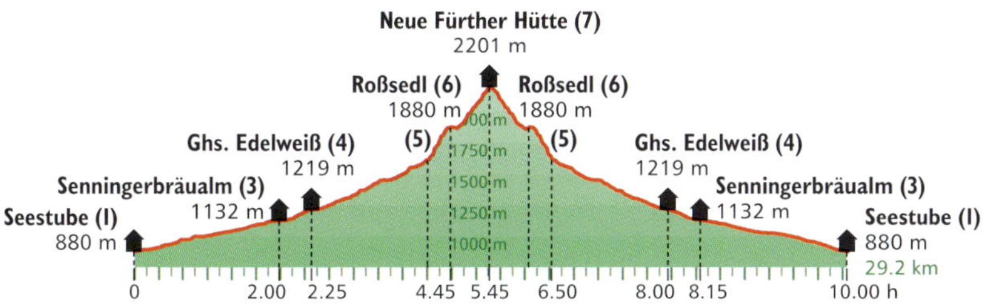

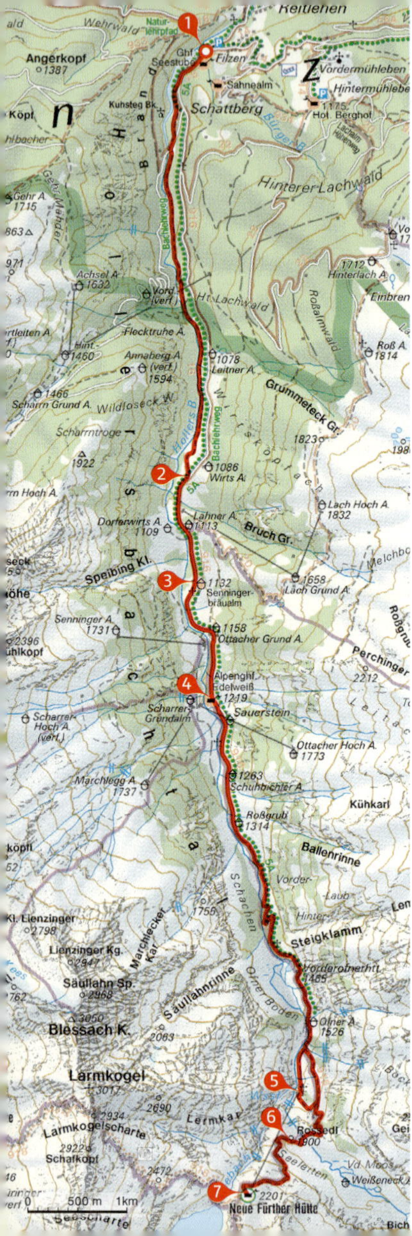

Einkehr: Neue Fürther Hütte (AV, bew. Mitte Juni bis Anf. Okt., 80 L. + B., Tel. +43 664 75074021), Senningerbräualm (bew. Ende Mai bis Ende Sept., 15 B., Tel. +43 664 4561380), Edelweißhütte (bew. Anf. Juni bis Mitte Okt.,11 Betten, Tel. +43 664 9168033), Seestube am Taleingang (ganzj. bew., keine Schlafplätze).

Varianten: 1. Vom Roßsedl kann man auf Steigspuren am Vordermoos entlang zum Hintermoos hinaufwandern und erhält dort am Bichlach (2042 m) einen sehr schönen Überblick über zwei großartige Hochmoore (Flora im Sommer!), die als naturkundliches Juwel aber besonderer Achtsamkeit bedürfen, um nicht zerstört zu werden. Deutliche Steigspuren findet man an der Geländestufe entlang des Baches zwischen den beiden Moorböden.
2. Am Ostufer des Kratzenbergsees über Blockwerk und Platten zum Sandebentörl (2753 m, 2 Std. von der Hütte).

Die Route vom Parkplatz **Seestube (1)** ins Hollersbachtal ist eindeutig vorgegeben. Dabei kann man im ersten Abschnitt bis zur **Wirtsalm (2)** zwischen dem interessanten »Bachlehrweg« (siehe Tour 30) und dem »Almweg« (Straße) wählen. Anschließend zieht sich das schier endlose Sträßchen über die **Senningerbräualm (3)**, das **Ghs. Edelweiß (4)**, eine Reihe weiterer Almen zum **Ofnerboden** und zum Talschluss beim **Materialaufzug (5)** der Fürther Hütte hinauf. Hierher gelangt man auch mit einem Hüttentaxi (s. S. 26). Links geht's über einen konkaven Steilhang auf den **Roßsedl (6)**, dann rechts über eine Graskuppe (großer Steinmann) zum Bach hinab und über einen längeren Hang zur **Neuen Fürther Hütte (7)** am Kratzenbergsee. Abstieg wie Anstieg.

Das Hintermoos mit Bachmäandern.

TOP **32**

Larmkogel, 3017 m

4.00 Std.

Logenplatz vor den Eisriesen der Hohen Tauern

Ausreichende Akklimatisation, gutes Wetter und eisfreie Verhältnisse vorausgesetzt, ist der Larmkogel für den halbwegs trittsicheren Bergwanderer ein höchst empfehlenswerter Dreitausender. Er ist der Hausberg sowohl der Fürther als auch der Thüringer Hütte. Der ostseitige Anstieg vom Kratzenbergsee liegt schon am Morgen in der Sonne, mögliche Schneepassagen firnen dadurch früher auf. Sollte einem am Larmkogel auch noch gute Fernsicht beschieden sein, so breitet sich dort eine Gipfelflur aus, die einem den Atem nimmt: Das Auge erfasst nicht nur die Glockner-, Granatspitz- und Venedigergruppe, sondern reicht vom Karwendel über den Wilden Kaiser, das Steinerne Meer und den Hochkönig bis zum Dachstein. Ein berauschendes Erlebnis!

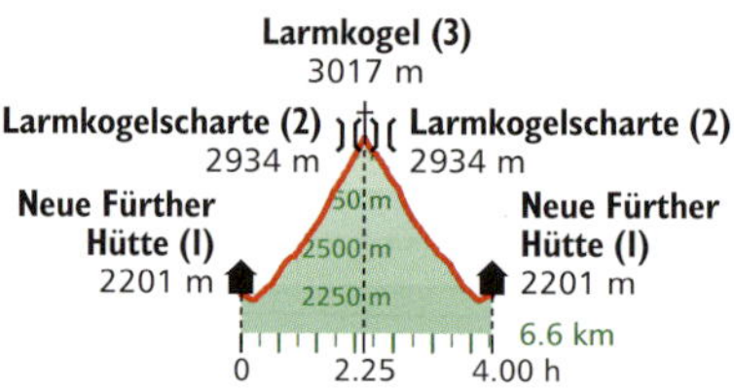

Talort: Hollersbach, 807 m.
Ausgangspunkt: Neue Fürther Hütte, 2201 m. Siehe Tour 31.
Höhenunterschied: 850 m.
Anforderungen: Alpiner Steig, weiter oben etwas Trittsicherheit erforderlich.
Einkehr: Neue Fürther Hütte (AV, bew. Mitte Juni bis Anf. Okt., 80 L.+ B., Tel. +43 664 8606787, Tal +43 664 2002401).
Variante: Von der Fürther Hütte über die Larmkogelscharte zur Thüringer Hütte, 3½ Std., »rot«. Siehe Tour 27, Rundtour 3.

Am Larmkogel – Ausblick auf die Glocknergruppe.

Spätherbst am Larmkogel – Ausblick auf den Großvenediger (rechts).

Die Route Nr. 918 von der **Fürther Hütte (1)** auf den **Larmkogel** ist sehr gut markiert. Sie führt zunächst westwärts zum Abfluss des **Kratzenbergsees** hinab, steigt dann über Matten und anschließend über einen Blockhang im Zickzack zur **Larmkogelscharte (2)** hinauf. Jenseits ginge es zur Thüringer Hütte hinab. Wir aber folgen dem Grat zur Rechten, weichen diesem bis zum weithin sichtbaren Kreuz zuerst etwas links und unter dem Gipfelblock rechts aus **(3)**. Der **Abstieg** erfolgt auf der Anstiegsroute zurück zur **Larmkogelscharte (2)**, dann am Hüttenweg ins Hollersbach- bzw. ins Habachtal.

33 Pflugberg, 2415 m, und Pihapper, 2513 m

8.30 Std.

Grandioser Hochthron im Vorfeld des Nationalparks

Trotz des relativ hohen Ausgangspunktes am Berghof über dem Salzachtal zieht sich die Tour zum Pihapper lange hin und erfordert gute Kondition. Allerdings bieten sich auch hier zwei kürzere Teilziele an. Es empfiehlt sich aus mehreren Gründen, die lange Tour für den Spätsommer aufzuheben. Der Pihapper bietet eine umfassende Aussicht auf Hohe Tauern (Wiesbachhorn, Großglockner, Großvenediger und v.a.), Kitzbüheler Alpen, Karwendel, Bayerische Alpen, Kaisergebirge, Steinberge, Watzmann, Steinernes Meer, Hochkönig und Dachstein.

Talort: Hollersbach, 807 m.
Ausgangspunkt: Gasthof Berghof, 1175 m. 4 km Fahrstraße von Hollersbach.
Höhenunterschied: Auf der Platte 600 m, Pflugberg ca. 1200 m, Pihapper 1360 m, da Gegenanstieg.
Anforderungen: Zum Pflugberg markierter Steig ohne technische Schwierigkeiten (weitgehend »blau«). Beim Übergang zum Pihapper ist Trittsicherheit und Schwindelfreiheit erforderlich, eine Stelle mit Leiter und Drahtseil (Schwierigkeit »rot« bis »schwarz«).
Einkehr: Gasthof Berghof am Ausgangspunkt (fast ganzj. bew., ca. 40 B., Tel. +43 6562 8218). Keine Einkehrmöglichkeit auf der Tour, genügend Flüssigkeit mitnehmen!
Variante: Von »Auf der Platte« kann man nach Mittersill absteigen (ca. 2 Std.).

Hoher Herd (links) und Großvenediger (hinten) vom Pihapper.

An der Linkskurve der Asphaltstraße hinterm **Berghof (1)** geht man geradeaus zu einer Weggabelung. Hier folgt man der linken Spur (Rodelbahn, Ww. »Pihapper, Pölsenalm«) in den Wald und überquert bis zur Starthütte der Rodelbahn dreimal eine Forststraße. Kurz dahinter zieht der Weg während etwa einer Stunde (300 Hm) stets schräg links durch den Bergwald hinauf, überquert noch dreimal eine Forststraße, ehe er zur **Pölsneralm (2)** (2 Hütten, offener Unterstand) hinaustritt. Nun in einigen Schleifen auf ein weites, nach Osten hin abdachendes und von einigen Lacken besetztes Plateau: **»Auf der Platte« (3)**. An einem Zaun zweigt links der Steig nach Mittersill ab. Zum Pihapper folgt man dem rechten Pfad zuerst über einen mäßig, dann deutlich steigenden, aussichtsreichen Rücken in einem riesigen Linksbogen auf den **Pflugberg (4)**. Zum Pihapper – der Geübte sollte sich von seinem grimmigen Anblick nicht abschrecken lassen – führt der Steig aus einer Blockmulde südwärts durch ein Felsentor. Mit ein paar Handgriffen gelangt man nach links zum Grat und auf diesem oder in der grasigen Südflanke in eine Scharte hinab. Um den folgenden Kopf geht's südseitig herum und zu einer weiteren Scharte hinauf, dann erreicht man über Fels den Gipfel des **Pihapper (5)**. Auf etwa halber Höhe hilft eine kleine Leiter mit Drahtseil über einen abweisenden Geländesprung hinweg. **Abstieg** wie Anstieg.

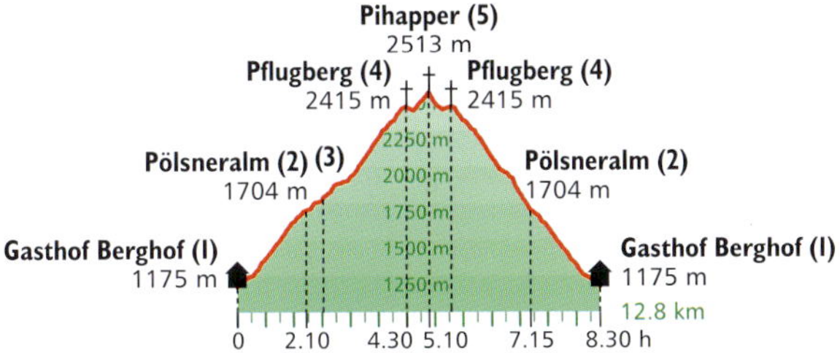

34 Hintersee, 1313 m

3.45 Std.

Ein See, der vor mehr als 500 Jahren entstand

Im Jahre 1495 löste ein Erdbeben einen Bergsturz vom Hohen Herd aus. Die Gesteinsmassen riegelten das hintere Felbertal ab und stauten das heutige »Naturdenkmal Hintersee« auf. Schroffe Bergflanken mit Lawinenkegeln an ihrem Sockel, zwei große und zur Schneeschmelze noch weitere kleinere Wasserfälle schaffen ein großartiges Landschaftsbild um den fischreichen See. Man erreicht ihn am bequemsten mit dem Auto, kann aber auch abseits des Verkehrsweges von der Schößwendklamm zum See wandern.

Talort: Mittersill, 790 m.
Ausgangspunkt: Schößwendklamm-Parkplatz, 1060 m. Von Mittersill (Salzachbrücke) 7,4 km auf der Felbertauernstraße bis zur 3. Galerie am Beginn einer weiten Linkskehre. Unmittelbar hinter der Galerie rechts zum Hintersee. 300 m nach der Abzweigung ist der Schößwendklamm-Parkplatz.
Höhenunterschied: 350 bis 400 m.
Anforderungen: Wanderwege, z. T. auch Straße.
Einkehr: Gamsblickhütte (bew. Mitte Mai bis Anfang Okt.), Meilingeralm (kurz vor dem Hintersee, Mitte Mai bis Mitte Okt.).
Variante: In den hinteren Talkessel.

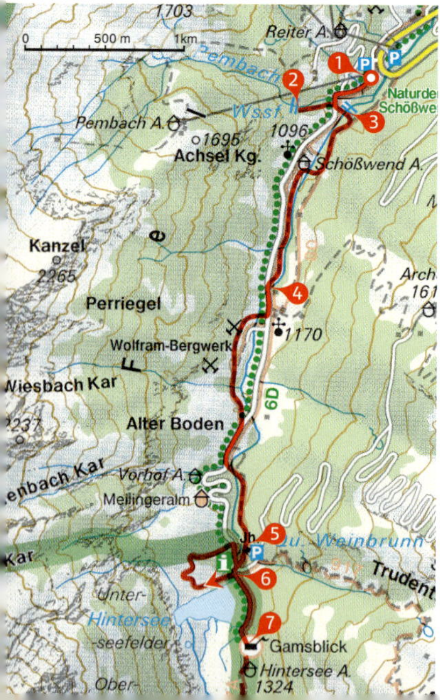

Vom **Schößwendklamm-Parkplatz (1)** auf der Straße noch ein kleines Stück bergwärts bis hinter die Linkskurve, wo rechts ein Weg zum nahen **Pembach-Wasserfall (2)** hinaufführt. Links wandert man über eine Wiese in wenigen Minuten zur **Schößwendklamm (3)** hinab (Steg, kleine Wasserfälle und interessante Erosionsformen). Jenseits des Baches führt der rechte Steig zum **Hintersee**. Zunächst geht's im Wald weiter, bei der Schößwendalm aufs westliche Bachufer und zumeist über Wiesen, zuletzt noch ganz kurz auf der Straße zum ehemaligen **Tauernhaus Spital (4)**. Zirka 100 Meter dahinter weicht man der Straße rechts aus und erreicht über flache Wiesen eine Hütte. Dann folgt man ca. 150 Meter wieder der Straße und wandert dann links davon am Alten Tauernweg

Am Hintersee.

über Weiden zum Bach und über eine Geländestufe zum **Hintersee-Parkplatz (5)** hinauf. Unmittelbar vor dem See beschreibt ein **Naturlehrweg (6)** eine Schleife nach Westen. Das Anschauungsobjekt vor Augen, informiert er anhand farbiger Hinweistafeln über den biologischen Kreislauf des Bergwaldes und seiner Tiere, über den geologischen Aufbau des Talschlusses, die Vegetationsstufen u. a. Links des Sees wandert man auf einem Sträßchen ohne Steigung zur **Gamsblickhütte (7)**. Über die benachbarte Hinterseealm kann man sogar noch in den hinteren Talkessel ausschwärmen (2 Wasserfälle). Für den **Rückweg** zum **Ausgangspunkt (1)** bietet die Anstiegsroute größere Sicherheit als die etwas kürzere Straße.

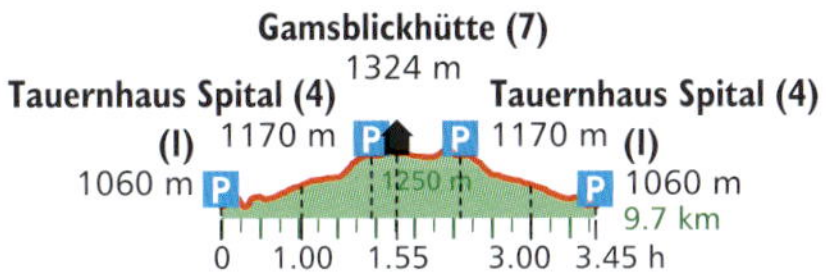

35 Plattachsee, 2200 m, und St. Pöltner Hütte, 2481 m

6.45 Std.

Seen- und Hüttenwanderung auf einem alten Tauernübergang

Durchs Felbertal führt über den Hintersee und den Plattachsee ein jahrhundertealter Übergang vom Pinzgau nach Osttirol: der Felber Tauern. Lacken, Seen, Wasserfälle und der stolze Tauernkogel formen hier eine großartige Landschaft, deren Bild leider von einer riesigen Hochspannungsleitung zerschnitten wird. Für den Anstieg zum Plattachsee und zur St. Pöltner Hütte gibt es zwei Routen von unterschiedlicher Schwierigkeit, den Wanderweg über das Trudental und Naßfeld (»blau«) sowie den »Trassensteig für Trittsichere und Schwindelfreie« über den Seekessel und Geißstein (»rot« bis »schwarz«). Beide werden gerne zu einer Rundtour verbunden, wobei der Trassensteig nur für den Aufstieg zu empfehlen ist. Im Umkreis der St. Pöltner Hütte bieten sich mit den Touren 36/37 lohnenswerte Bergziele, die zu einem mehrtägigen Hüttenaufenthalt anregen.

Am tintenblauen Plattachsee vorbei führt der Weg zur St. Pöltener Hütte.

Talort: Mittersill, 790 m.
Ausgangspunkt: Hintersee, 1313 m. Von Mittersill (Salzachbrücke) 7,4 km auf der Felbertauernstraße bis zur 3. Galerie am Beginn einer weiten Linkskehre. Unmittelbar hinter der Galerie rechts zum Parkplatz am Hintersee (4 km).
Höhenunterschied: Plattachsee gut 900 m, St. Pöltner Hütte 1200 m.
Anforderungen: Gut markierter Wanderweg übers Trudental und Naßfeld (»blau«). Anspruchsvoller Trassensteig mit kurzen Leitern und langen Drahtseilpassagen, über knapp 100 Hm »schwarz«. Trittsicherheit und Schwindelfreiheit erforderlich, nicht bei Nässe! Lange Zeit Altschneefelder im flachen Gelände zwischen Plattachsee und St. Pöltener Hütte. Eine Nächtigung auf der Hütte entschärft die Tour.
Einkehr: St. Pöltner Hütte (AV, bew. Ende Juni bis Ende Sept., 75 Schlafplätze, Tel. +43 6562 6265), Gamsblickhütte, Meilingeralm (beide bew. Mai bis Okt.).
Variante: Weinbichl, 2545 m (¼ Std. gegenüber der St. Pöltner Hütte, reizvoller Tief- und Rundblick, s. Bilder S. 109, 110).

Der Weg zum **Naßfeld** führt vom **Parkplatz (1)** auf der Asphaltstraße ein ganz kurzes Stück weiter und zweigt gleich hinter der nächsten Brücke rechts ab. Zuerst geht's durch Wald und anschließend durch einen Erlengürtel über eine ausladende Hangmulde auf Matten hinaus, dann quert man über eine Schulter hinweg und erreicht im leichten Gefälle den Steg am **Naßfeld (6)**. Jenseits führt der Weg auf einen Rücken hinauf, wo von rechts der **Trassensteig (3)** einmündet.
Wer diesen als Anstieg wählt, geht auf dem Sträßchen am Hintersee-Ostufer zur **Gamsblickhütte (2)** und zur **Hinterseealm**. Dahinter betritt man die Kernzone des Nationalparks, überschreitet den Bach und steigt gegen den rechten Wasserfall hinauf. Deutlich davor schwenkt der Steig nach links (Hühnerleiter) und führt durch einen Sträuchergürtel und über Wiesen an eine Steilstufe heran. Nach kurzen Leitern schließen sich feste Drahtseile an und

St. Pöltner Hütte mit Gedenkstätte über dem Felber Tauern.

geben auf den folgenden 100 luftigen Höhenmetern die nötige Sicherheit. Nun steigt man über Matten an der oberen Schlucht des Schleierwasserfalls vorbei, tangiert einen weiteren kleinen Wasserfall und trifft nach 150 Höhenmetern auf den **Normalweg (3)**. Gemeinsam erreichen beide Routen über gestuftes Terrain eine längere Geländeverflachung, an deren Ende rechts der **Plattachsee (4)** liegt. Der weitere Weg zur **St. Pöltner Hütte (5)** führt über gut gestuftes, meist felsiges Gelände weiter; kurz vor der Hütte ist noch eine steilere Passage zu überwinden. Als **Abstieg** wählt man am besten die Naßfeld-Trudental-Route.

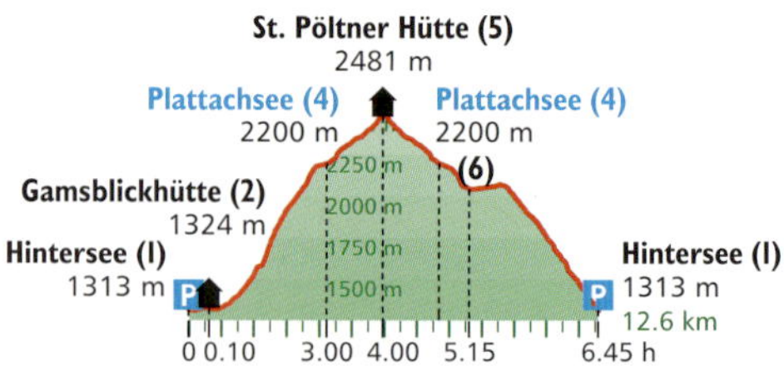

3.30 Std.

Messelingkogel, 2694 m, und Hochgasser, 2922 m

36

Lohnende Ziele von der St. Pöltner Hütte

Der St. Pöltner Hütte fehlt zwar ein Dreitausender im näheren Umkreis, doch mit dem Hochgasser und Messelingkogel kann sie zwei Gipfel anbieten, die auch für den trittsicheren Bergwanderer kein zu großes Hindernis bedeuten und auch für geübte Kinder geeignet sind. Beide Gipfel haben ein imposantes Panorama zu bieten, das vom Großglockner und Großvenediger mit ihren vergletscherten Nachbarn sowie vom Tauernkogel beherrscht wird.

Talort: Mittersill, 790 m.
Ausgangspunkt: St. Pöltner Hütte, 2481 m. Zugang zur Hütte wie Tour 35.
Höhenunterschied: Hochgasser gut 550 m, Messelingkogel ca. 330 m.
Anforderungen: Mühsamer Blockhang zum Hochgassergipfel, Drahtseilsicherung am Alten Tauern und Messelingkogel. Stellenweise Trittsicherheit erforderlich.
Einkehr: Keine Einkehrmöglichkeit auf der Tour, nur in der St. Pöltner Hütte am Ausgangspunkt. Siehe Tour 35.
Variante: Hörndl, 2852 m, 2½ Std. von der Hütte. Mühsam, kein Weg, aber meist gute Markierung vorhanden. Nur geübten Hochalpinisten zu empfehlen.

Langsee (Mitte), Plattachsee (links) und der spitze Pihapper (hinten) vom Weinbichl.

Links: St. Pöltener Hütte und Tauernkogel vom Weinbichl. Die Route von der Hütte zum Tauernkogel ist vollständig im Bild.

Zum Hochgasser, Messelingkogel und Hörndl steigt man von der **St. Pöltner Hütte (1)** kurz ostwärts in die Scharte des **Felber Tauern** ab, sodann auf deutlichem Pfad über einen Schutthang auf den **Weinbichl (2)** und dahinter an dicken Seilen entlang zum **Alten Tauern (3)** hinab, wo sich die Wege verzweigen: links zum Hörndl (Variante), geradeaus zum Hochgasser, rechts zum Messelingkogel.

Zum Messelingkogel: Auf dem St.-Pöltner-Ostweg höhengleich auf einer Moosrampe nach Südosten, leicht steigend zur **Messelingscharte (4)**, hier rechts über einen Blockrücken zu einer brüchigen Rinne und unmittelbar davor links um eine Felsnase herum (gutes Felsband und Drahtseil). Sodann im Rechtsbogen wieder auf die Grathöhe und auf breitem Rücken problemlos zum **Gipfelkreuz (5)**. Der Großvenediger beherrscht beim Anstieg die Szenerie, und ganz zuletzt taucht auch der Großglockner noch über den vorgelagerten Gipfeln auf.

Zum Hochgasser: Vom **Alten Tauern (3)** geradewegs über den folgenden Grat, dann über ein flaches Plattenfeld und zuletzt – von Steindauben geführt – etwas mühsam über einen Blockhang zum **Gipfel (6)**, dessen Aussicht die des Messelingkogels übertrifft.

Der **Abstieg** erfolgt in beiden Fällen am bekannten Anstiegsweg.

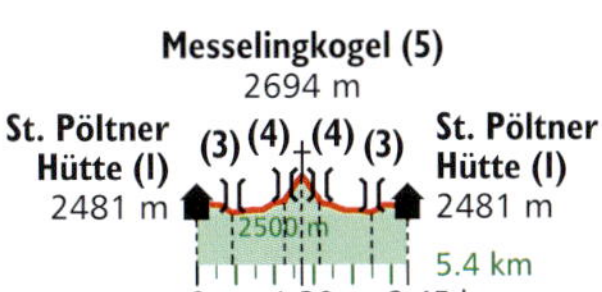

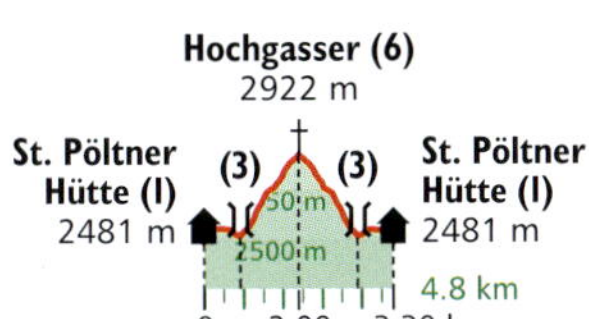

TOP **37** # *Tauernkogel, 2988 m*

3.15 Std.

Mühsamer Zustieg auf eine begeisternde Aussichtswarte

Der Tauernkogel ist der Hausberg der St. Pöltener Hütte, dem nur wenige Meter zur magischen Dreitausend-Meter-Marke fehlen, der aber aufgrund seiner Lage eine berauschende Aussicht zu bieten hat. Der Rundblick erfasst im Norden die Kitzbüheler Alpen und dahinter die Nördlichen Kalkalpen mit den Loferer und Leoganger Steinbergen sowie dem Wilden Kaiser. Im Alpenhauptkamm beherrschen neben der Granatspitzgruppe vor allem die majestätischen Gestalten des Großglockner und des Großvenediger mit ihren benachbarten Bergen und Gletschern die Kulisse.

Talort: Mittersill, 790 m.
Ausgangspunkt: St. Pöltner Hütte, 2481 m. Zugang wie Tour 35.
Höhenunterschied: 500 m.
Anforderungen: Markierter Steig über Schrofen und ein mühsames Schutt- und Blockgelände sowie eine Blockkletterei (I) zum Gipfel. Ferner ein steiles, mit fortschreitender Jahreszeit vereisendes Firnfeld. Über die Firnverhältnisse Auskunft beim Hüttenwirt einholen.
Einkehr: Nur auf der St. Pöltner Hütte.

Am Tauernkogel: Groß- und Kleinvenediger mit Schlatenkees. Links davon Rainerhorn/Schwarze Wand, Hoher Zaun, Kristallwand. Rechts hinten: Berge um den Keeskogel.

Gleich neben (südlich) der **St. Pöltner Hütte (1)** geht es über einen von Felsblöcken besetzten Schrofenhang auf einen Absatz, hinter dem sich eine große, von Altschnee gefüllte Mulde anschließt. Da diese ostseitig ausgerichtet ist, firnt das steile Schneefeld bei Sonne am Morgen gewöhnlich schon zeitig auf und ist dann gut zu begehen. Andernfalls – vor allem bei fortgeschrittener Jahreszeit – können hier auch Steigeisen erforderlich sein. Das Firnfeld führt ganz auf oder bis kurz unter eine **Scharte (2)**. Anschließend geht es über Schutt bzw. einen markierten, aber recht mühsamen Blockhang zum Ostgrat und über diesen noch knapp 100 Hm in anregender Kletterei auf den **Tauernkogel (3)**. Der **Abstieg** hält sich ganz an die Aufstiegsroute (s. Bild S. 110).

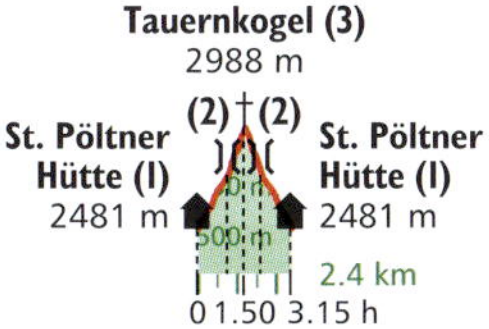

38 Amertaler See, 2279 m

4.00 Std.

Abseits einer bekannten Alpentransversale

Vor dem Nordportal des Felbertauerntunnels zieht in der Verlängerung der viel befahrenen Alpenstraße ein Tal südwärts, dessen Abschluss ein herrlicher Bergkessel bildet. Auf einer Geländestufe versteckt sich der Amertaler See. Wer sich auf seiner Fahrt über die Alpen für einige Stunden die Füße vertreten will, kann am Nordportal des Felbertauerntunnels eine Rast einlegen und entlang des Amerbaches in den Bergkessel und zum Stausee hinaufwandern. Das interessante Tourenziel inmitten einer wilden Felsszenerie liegt zwar außerhalb des Nationalparks, ist aber trotz der Nähe zur Felbertauernstraße nicht überlaufen.

Talort: Mittersill, 790 m.
Ausgangspunkt: Nordportal des Felbertauerntunnels, 1605 m.
Höhenunterschied: Knapp 700 m.
Anforderungen: Markierter Steig über weitläufige Blockfelder, der insgesamt Trittsicherheit und ausreichende Sicht erfordert.
Einkehr: Keine Einkehrmöglichkeit auf der Tour.
Variante: Für unternehmungsfreudige, trittsichere und ausdauernde Wanderer: In einen südwestlich des Amertaler Sees gelegenen Karkessel (kleiner See) und über eine ausgeprägte Rippe im Linksbogen auf die Amertaler Scharte (2700 m, Farb- und Steindaubenmarkierung, ca. 450 m, gut 1½ Std. vom Amertaler See).

Unmittelbar vor der nördlichen **Tunneleinfahrt (1)** wandert man am Westufer des Amerbaches zunächst ohne nennenswerte Steigung in das südwärts führende Tal, die **Keesau (2)**. Über dieser steht beherrschend der Teufelspitz. Etwa auf halbem Weg ins Tal zieht ein Steig rechts über einen strauchbewachsenen Schwemmkegel in Serpentinen steil zu einem Wasserfall hinauf, schwenkt aber noch vor diesem

Amertaler See und Seekogel.

links unter einem Felskopf hindurch auf einen Karboden. Auf diese Weise überlistet er das halbkreisförmige Felsbollwerk, welches die Keesau im Süden abschließt und den Zugang zum **Amertaler See** abzuriegeln scheint. In einem weit gezogenen Linksbogen sucht der Pfad nun durch die Felsblöcke am Nordosthang des Teufelspitzes zum **Stausee (3)** hinauf. Man kann in der Umgebung des Sees durchaus ein wenig herumsteigen, ehe man die **Rückkehr** auf der Anstiegsroute antritt.

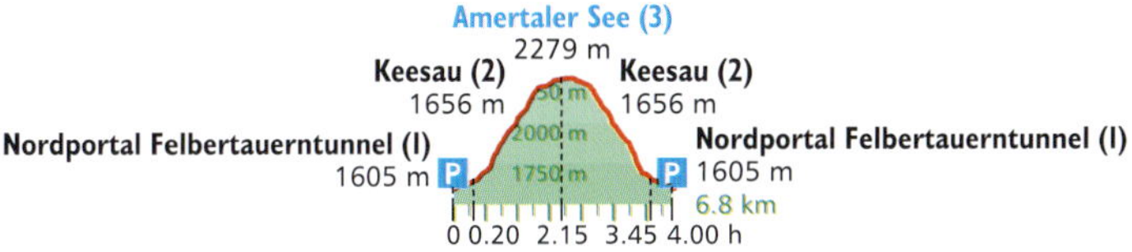

39 Wiegenwald, 1725 m, und Stierbichl, 1772 m

3.30 Std.

Behutsamen Schrittes durch ein kostbares Biotop

Auf einer bewaldeten Geländestufe über dem Enzingerboden träumen die Moortümpel des Wiegenwaldes seit Jahrhunderten im Schoß von moos- und waldgesäumten Mulden vor der vergletscherten Hochgebirgskulisse der Glockner- und Granatspitzgruppe. Das sehenswerte Biotop stellt einen hochempfindlichen und deshalb besonders schützenswerten Lebensraum dar, der nur im Rahmen einer Exkursion betreten werden sollte. Eine Führung hat außerdem den unschätzbaren Vorteil, dass höchst interessante Informationen durch orts- und sachkundige Fachleute vermittelt werden. Die Anmeldungen zu einer Führung durch den Wiegenwald nimmt der Fremdenverkehrsverband Uttendorf entgegen (Tel. +43 6563 82790).
Der Weg durch den Wiegenwald ist nicht markiert, jedoch gut ausgebaut (Trittbretter) und – das versteht sich eigentlich von selbst – darf in dem sensiblen Schutzgebiet nicht verlassen werden.

Talort: Uttendorf, 804 m.
Ausgangspunkt: Enzingerboden, 1474 m. Zufahrt von Uttendorf mit Pkw (17 km) oder Postbus (Tel. +43 6542 54440).
Höhenunterschied: 300 m.
Anforderungen: Nicht markierter, aber ausgebauter Wanderweg in mäßigem Auf und Ab durch den Wiegenwald, steile Waldstufe vom Enzingerboden. Nicht bei Nässe!
Einkehr: Gasthäuser am Enzingerboden und am Grünsee bei der Mittelstation der Weißseebahn (bew. bei Bahnbetrieb). Jausenstation Vorhofalm an der Zufahrt zum Enzingerboden.

Am **Enzingerboden (1)** überqueren wir zuerst beide Brücken und gehen dann rechts vom Gasthaus paletti (Bergbeisl) auf einem Sträßchen am linken Bachufer ca. 200 m bachabwärts zu einer Jagdhütte. Davor lenkt uns ein Schild (»Wiegenwald-Weg nicht markiert«) links zum Wald. Dort wird der Pfad deutlicher, überwindet eine Steilstufe und trifft nach etwa einer Stunde zuerst auf zwei Lacken, dann auf einen zauberhaften, kleinen **Spiegelsee (2)**. Wir umwandern ihn gegen den Uhrzeiger und steigen dann zu einer Moorsenke mit einem verschlungenen Tümpel ab, der seine Arme wie

Feuchtbiotop des Wiegenwaldes am Fuß von Gletscherbergen.

ein Tintenfisch ausbreitet. Nach einem Zirben-, Fichten- und Lärchenwald sowie nach einem ausgedehnten Latschenrücken (Quelle) gelangen wir zur **Jagdhütte (3)** am Stierbichl, auf dessen Südseite sich in einer Mulde die **Schwarze Lacke** versteckt. Ein Abstecher dorthin ist an einigen Stellen möglich (Latschengassen). Hinter dem Gebäude führt der Steig zum **Grünsee (4)** hinab, den wir bei seinem Abfluss erreichen. Hier kann man wählen: Rechts am Grünsee entlang zum Gasthaus **(5)** bei der Mittelstation der Weißseebahn – links auf einem Sträßchen zum **Enzingerboden (1)** zurück.

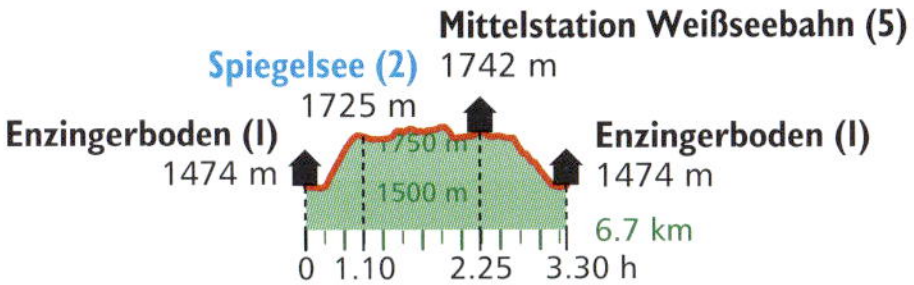

40 Zum Sonnblick- und Ödenwinkelkees

3.15 Std.

Zwei Gletscherlehrwege im Umfeld der Rudolfshütte

Im Gebiet der Rudolfshütte gibt es zwei interessante Gletscherlehrwege ins Vorfeld des Sonnblick- und Ödenwinkelkeeses, die den Gletscherschwund seit 1850 und damit verbundene Veränderungen der Landschaft verdeutlichen.

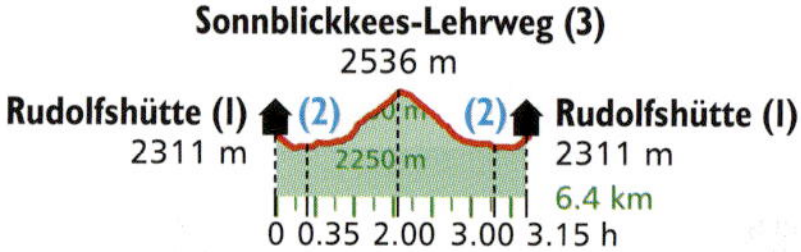

Talort: Uttendorf, 804 m.

Ausgangspunkt: Berghotel Rudolfshütte, 2311 m. Aufstieg vom Enzingerboden wie Tour 42 oder Auffahrt mit der Weißseebahn (Mitte Juni bis Anf. Okt. ab 9 Uhr, Tel. +43 6563 20150). Zufahrt von Uttendorf zur Talstation am Enzingerboden mit Pkw oder Postbus (Tel. +43 6542 54440).

Höhenunterschied: Auf beiden Routen je gut 300 m.

Anforderungen: Gut markierte, leichte Wege, nur stellenweise etwas Trittsicherheit erforderlich. Nach einem schneereichen Winter kann der Lehrweg zum Sonnblickkees aus Sicherheitsgründen kurzzeitig gesperrt sein.

Einkehr: Berghotel Rudolfshütte (priv., bew. Mitte Juni bis Anfang Okt., ca. 250 Schlafplätze, Tel. +43 6563 82210).

Variante: Rund um den Weißsee: Von der Rudolfshütte zur Nordstaumauer des Weißsees hinab und über diese aufs gegenüberliegende Seeufer. Mit Hilfe von vier sehr guten, kurzen Leitern über eine felsige Steilstufe des Hans-Gruber-Weges auf ein Schuttfeld (Nationalpark-Außenzone) und über dieses zum Regenmesser (1¼ Std. ab Rudolfshütte, »rot«). Über den Lehrweg zur Hütte zurück.

Rudolfshütte, Weißsee und Sonnblickkees mit Sonnblick (rechts) und Granatspitze (Mitte).

Die Route zum Sonnblickkees führt von der **Rudolfshütte (1)** südwärts zur Talstation des **Medelzkopf-Sesselliftes** hinab, dann rechts am grasigen Seeufer **(2)** und am Sockel des Tauernkogels entlang, über kleine Wasserläufe und quer über Schutthänge. In einem Tälchen ist ein Bach zu überschreiten, ehe Steinmänner und Markierungspunkte den günstigsten Weg über Gletscherschliffe zu einem **Regenmesser** (ca. 2500 m) zeigen. An diesem geht es rechts vorbei und bald darauf zur Umkehrschleife des mit 12 Haltepunkten ausgestatteten Lehrweges vor dem **Sonnblickkees (3)**. Der Rückweg erfolgt auf gleicher Route.

Der Eisboden und seine Lacke in warmen Herbstfarben, fast wie Tundra.

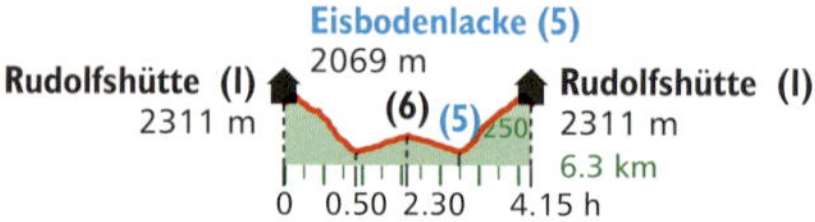

Der Gletscherweg zum Ödenwinkelkees führt von der **Rudolfshütte (1)** zuerst auf den nahen **Hinteren Schafbichl (4)** und dann rechts über Grashänge zur **Eisbodenlacke (5)** hinab, die um 1850 durch die Stirnmoräne des Ödenwinkelkeeses abgedämmt wurde. In deren Nähe geht es auf einem Steg über den Gletscherbach, dann über leicht steigende Schuttbänke (Moränen mit mehreren Messpunkten, Pionierpflanzen u.a.) zum Endpunkt des mit 15 Stationen ausgestatteten Lehrpfades vor dem **Ödenwinkelkees (6)**. Gletschertor und -bach bitte aus Sicherheitsgründen nicht betreten bzw. überqueren.
Auf gleicher Route kehren wir wieder zur **Rudolfshütte (1)** zurück oder wandern am Westufer des Tauernmoossees zur Niederen Scharte (2064 m) und von dort wie bei Tour 42 über den Grünsee oder über die Mittelstation der alten Weißseebahn (Variante von Tour 42) zum **Enzingerboden** hinab.

Rechts: Der Ödenwinkel mit der Gletscherzunge und dem Vorfeld bis zur Eisbodenlacke.
Unten: Weißsee mit Rudolfshütte und Hocheiser (Mitte) vom Weg zum Sonnblickkees.

41 Medelzkopf, 2761 m

3.30 Std.

Ein Bataillon von Steinmännern als Wegweiser zum Gipfel

Benützt man die vorhandenen Aufstiegshilfen vom Enzingerboden, so zählt der Medelzkopf trotz seiner stolzen Höhe von 2761 Metern zu den mit geringem Kraftaufwand erreichbaren Gipfeln dieses Wanderführers. Auch derjenige, der vom Berghotel ansteigt, überfordert sich nicht. Der Medelzkopf hat ein gewaltiges Panorama zu bieten. Da die Gipfelpyramide allerdings von zahllosen großen und kleineren Felsblöcken aufgebaut ist, die es vielfach zu überklettern gilt, endet der Tatendrang der meisten Bahnfahrer bereits an der Medelzlacke oder kurz dahinter.

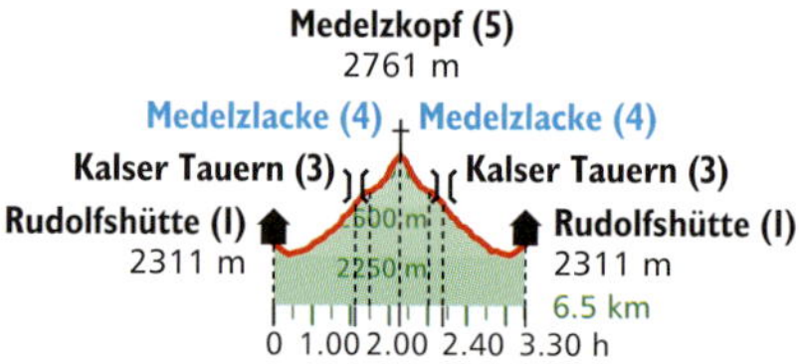

Talort: Uttendorf, 804 m.
Ausgangspunkt: Berghotel Rudolfshütte, 2311 m. Zugang vom Enzingerboden wie Tour 42 oder Zufahrt mit der Weißseebahn (Tel. +43 6563 20150, Mitte Juni bis Anf. Okt. ab 9 Uhr).
Höhenunterschied: Gut 550 m (inkl. Gegenanstieg), mit Lift ca. 250 m.
Anforderungen: Über viele Steinblöcke hinweg zum Gipfel, Trittsicherheit und ausreichende Sicht erforderlich, nicht bei Nässe, Schnee und Vereisung.
Einkehr: Berghotel Rudolfshütte (priv., bew. Mitte Juni bis Anfang Okt., ca. 250 Schlafplätze, Tel. +43 6563 82210).
Variante: Tauernkogel, 2683 m, Zugang wie Medelzkopf über den Kalser Tauern, dort rechts, ¾ Std. zum Gipfel (Drahtseile, brüchig, Trittsicherheit und günstige Bedingungen erforderlich!)

Von der **Rudolfshütte (1)** steigt man südwärts zur Talstation des **Medelzkopflifts (2)** ab, folgt hinter

Am Medelzkopf: In Bildmitte rechts der Tauernkogel, darüber die Granatspitze (links) und der Stubacher Sonnblick (rechts) im Nebel.

der Brücke dem Weg 711 zum **Kalser Tauern** und trifft in Kürze auf eine weitere Verzweigung. Der linke Pfad führt über Blockwerk und Gletscherschliffe sowie durch eine Mulde auf die seit Jahrhunderten benutzte **Passhöhe (3)** (Kreuz), den gletscherfreien Übergang vom Stubachtal nach Kals am Großglockner. Nach links weisen Farbtupfer und Steinmänner über felsiges Gelände zur **Medelzlacke (4)**. Nördlich davon steht die Bergstation des Lifts. Der Steig zum **Medelzkopf (5)** holt nach Süden aus und beschreibt dann einen Bogen nach Osten. Ein ganzes Bataillon von Steinmännern ist hier postiert und weist den günstigsten Weg durch das riesige Blockfeld. Der **Abstieg** vollzieht sich auf der markierten Anstiegsroute.

TOP **42**

Über den Schafbichl, 2348 m

6.00 Std.

Aussichtsreicher Höhenzug zwischen drei Seen

Wer mit dem Anblick der vielen Metallmasten der Bergbahn und dem überdimensionalen Baukörper des Berghotels seine Probleme hat, gewinnt dazu auf der Wanderroute über den welligen Höhenzug der drei Schafbichl wohltuenden Abstand und bekommt noch dazu wie auf einem Präsentierteller eine großartige Hochgebirgslandschaft mit stolzen, eisumwallten Gipfeln, schuttreichen Bergkesseln, spiegelnden Lacken und Seen serviert (Bild S. 23).

Talort: Uttendorf, 804 m.
Ausgangspunkt: Enzingerboden, 1474 m. Zufahrt von Uttendorf mit Pkw (17 km) oder mit Postbus (Tel. +43 6542 54440).
Höhenunterschied: 950 m, bei Bahnbenützung ca. 80 m.
Anforderungen: Gut markierte Wanderwege und Steige, oberhalb der Mittelstation und beim Abstieg von der Niederen Scharte stellenweise morastig, Trittbretter und -steine meist vorhanden; an kurzen, felsigen Stellen sichern Seile den Weg.
Einkehr: Berghotel Rudolfshütte (priv., bew. Ende Juni bis Anfang Okt., 250 Schlafplätze, Tel. +43 6563 82210), Gasthaus Grünsee, 2 Gasthöfe am Enzingerboden.
Variante: Von der Niederen Scharte auf dem Ufersträßchen nordwärts zur alten Mittelstation oberhalb der Staumauer, dort links weiter und in vielen Serpentinen zumeist durch Wald zum Enzingerboden hinab (bequemer, knapp ½ Std. länger).

Das Gros der Bergsteiger und Wanderer lässt sich mit der Kabinenbahn vom **Enzingerboden (1)** zur Rudolfshütte schaukeln. Wer sich trotz dieses Angebots für Schusters Rappen entscheidet, erreicht über die straßenbreite Abfahrtstrasse (Weg 715) in drei Doppelschleifen den **Grünsee** und gleich dahinter die **Mittelstation (2)** und das Gasthaus. Von hier führt ein breiter, von Alpenrosen und Latschen gesäum-

Über den Schafbichl zum Tauernmoossee hinab. Hinten das Kitzsteinhorn.

ter Wanderweg durch ein reizvolles Hochtal zur **Gabelung (3)** der Wege 714/715 (links: »Niedere Scharte«, rechts: »Rudolfshütte«). Die rechte Spur zieht in einen grasigen Kessel, steigt neben einer Blockhalde auf gut gestuftes Gras- und Felsgelände hinaus und führt auf der östlichen Talseite entlang zur Bergstation und zur **Rudolfshütte (4)** über dem Weißsee.
Links von der Unterkunft erreicht man in Kürze den **Hinteren Schafbichl (5)**, den Scheitelpunkt der Rundtour. Über den folgenden **Mittleren Schafbichl** hinweg führt der Pfad zur **Schafbichllacke (6)** und in einem kleinen Gegenanstieg auf den **Vorderen Schafbichl (7)**, ehe sich das Gelände endgültig zur **Niederen Scharte (8)** (Rastbank, Tümpel, Straße) hinabsenkt.
Von dieser steigt man auf Weg Nr. 714 links über felsdurchsetzte Latschen- und Grashänge zur oben genannten **Weggabelung (3)** ab, wo sich die Runde schließt. Rechts geht es über den **Grünsee (2)** zum **Enzingerboden (1)**.

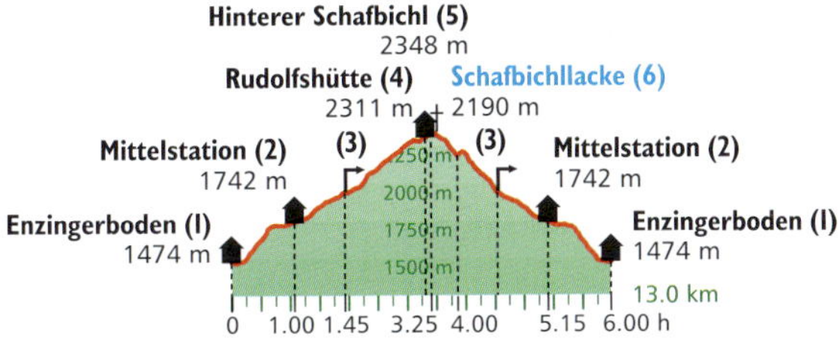

43 Kapruner Törl, 2639 m

6.30 Std.

Hochalpine Urlandschaft zwischen zwei großen Stauseen

Die hochalpine Wanderroute von der Rudolfshütte am Weißsee zur Heidnischen Kirche am Stausee Mooserboden verbindet nicht nur zwei bekannte Stauseen und Täler, sie durchquert auch eine naturbelassene Urlandschaft in respektvollem Abstand zu mehreren Hängegletschern am Fuß majestätischer Dreitausender. Es ist kein Unterstands- oder Schutzhaus am Weg!

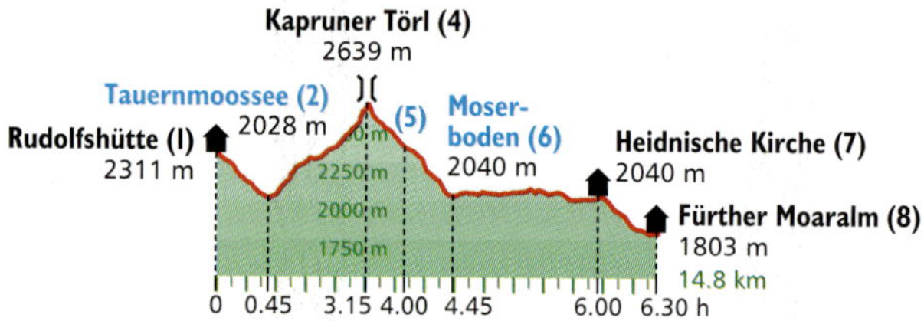

Talorte: Uttendorf, 804 m; Kaprun, 786 m.
Ausgangspunkt: Berghotel Rudolfshütte, 2311 m. Mit Pkw oder mit Bus von Uttendorf zum Enzinger Boden (17 km), von dort ab 9 Uhr mit der Kabinenbahn zur Rudolfshütte oder zu Fuß in ca. 3 Std. (siehe Tour 42!). Rückfahrt mit Bus vom Kesselfall-Alpenhaus nach Fürth, dort umsteigen nach Uttendorf bzw. zum Enzinger Boden.
Höhenunterschied: 620 m.
Anforderungen: Festes Schuhwerk, stabiles Wetter mit ausreichender Sicht, Ausdauer und Trittsicherheit, an der Steinernen Stiege auch Schwindelfreiheit erforderlich. Der Anstieg zum Kapruner Törl ist besonders im mittleren Teil (Blockgürtel und nachfolgender Schutthang) recht mühsam. Firnfelder beiderseits des Kapruner Törls.
Einkehr: Rudolfshütte (privat, bew. Mitte Juni bis Anfang Okt., ca. 250 Schlafplätze, Tel. +43 6563 82210); Restaurants am Mooserboden, Fürther Moaralm (1803 m, privat, an der Straße zwischen Mooserboden und Wasserfallboden, bew. Mitte Juni bis Ende Sept., 50 Schlafplätze, Bushaltestelle, Abstieg vom Stausee gut ½ Std.).
Variante: Vorausgehende Übernachtung auf der Rudolfshütte sehr zu empfehlen (kein Zeitdruck bei frühem Aufbruch). Wer die Tour in Gegenrichtung durchführt, soll zur Rudolfshütte ca. ½ Std., zum Enzingerboden ca. 1½ Std. mehr Zeit einplanen.

Von der **Rudolfshütte (1)** steigt man zuerst südwärts zum **Medelzkopflift** ab, quert davor links zur **Steinernen Stiege** (nur für Geübte!) und überwindet einen Geländeabbruch mit Hilfe einer Eisenleiter und einiger Drahtseile. Diese Passage kann man umgehen: Von der Rudolfshütte auf den Hinteren Schafbichl, dann in Richtung »Gletscherlehrweg« zur Eisbodenlacke hinab, vor der beide Wege wieder zusammentreffen. Über blumige Hänge und z.T. feuchtes Gelände erreicht man den Steg über den Gletscherbach am Südufer des **Tauernmoos-Stausees (2)**. Der hier beginnende Anstieg zum Kapruner Törl führt über felsdurchsetzte Matten auf einen Boden, überquert dort den **Abfluss des Torkeeses (3)** und schwindelt sich – gut auf die Markierung achten! – durch das Labyrinth eines Blockgürtels (Bergsturz vom Totenkopf). Dahinter müht er sich auf der linken Seite ca. 50 Höhenmeter über einen jahreszeitlich bedingten Firn- oder Schutthang (dürftige Trittspuren!) empor, um auf einer Grasrampe wieder Anschluss an den deutlichen Steig zum **Kapruner Törl (4)** zu finden. Hinter dessen Felsentor steigt man zuerst auf einer Steintreppe zur schneegefüllten **Wintergasse** ab und quert am linken Hang oberhalb der Firnmulde talwärts. Hinter einem kleinen **Eissee (5)** wird der Stausee **Mooserboden** sichtbar. Grashänge säumen nun wieder den Pfad, der auf Stegen zwei Bäche **(6)** überquert, ehe er auf dem **»Austriaweg«** am östlichen Seeufer den Staumauern bei der **Heidnischen Kirche (7)** zustrebt. Mit Bussen und einem Schrägaufzug erreicht man beim Kesselfall-Alpenhaus das Kapruner Tal, sofern man nicht eine Nächtigung auf der **Fürther Moaralm (8)** mit Anschlussprogramm vorzieht (siehe Touren 46, 48 und Rundtour 4, S. 162).

Unter der Steinernen Stiege: Weißseewasserfall und Tauernkogel.

44 Schaunbergalm, 1529 m, und Hacklsee, 2193 m

8.00 Std.

Almwanderung in einem wenig bekannten Tauerntal

Das Mühlbachtal ist ein wenig bekanntes, doch reizvolles Tauerntal mit zahlreichen Wassersperren im unteren Bereich und mit schönen Almböden, einem Karsee sowie einem hohen Gipfelkranz über dem Talschluss.

Talort: Niedernsill, 769 m.
Ausgangspunkt: Mühlbach, Gemeinde Niedernsill, Parkmöglichkeit vor der Schranke ins Mühlbachtal, 2 km von der Salzachtal-Bundesstraße entfernt, ca. 880 m.
Höhenunterschied: Schaunbergalm 640 m, Hacklsee gut 1300 m jeweils ab Taleingang. Hacklsee ab Schaunbergalm 670 m.
Anforderungen: Sträßchen bis zur Mitteralm, dann markierter Almsteig. Zur Schaunbergalm auch mit Taxi (siehe S. 26); 2½ Std. Zeitersparnis.
Einkehr: Schaunbergalm, bew. Anfang Juni bis Ende Sept., keine Übernachtungsmöglichkeit, bäuerliche Eigenprodukte, Tel. +43 6547 7604.
Varianten: 1. Vom Hacklsee zum Kleetörl (2372 m, schöner Aussichtspunkt, steile Grashänge, auf den letzten Metern leichte Kletterei, Trittsicherheit und Schwindelfreiheit erforderlich, Schwierigkeit »rot« bis »schwarz«, ¾ Std. Anstieg vom Hacklsee).
2. Rattensbachtal, 9 km von Mühlbach, Forststräßchen.
3. Jausenstation Burgeck, ½ Std. von Mühlbach, Rundtour ins Mühlbachtal möglich.

Von **Mühlbach (1)** folgt man dem Sträßchen ins gleichnamige Tal über die bewirtschaftete **Schaunbergalm (2)** zur **Mitteralm (3)**, einem prächtigen Rastplatz am Rande eines zauberhaften Bergkessels, in den sich drei Bäche unüberhörbar herabstürzen. Gleich hinter der Alm überquert man bei einem Zaun zwei Bäche, geht bei einem Weg-

Der Hacklsee wird eisfrei (Juli).

weiser links (!) weiter, trifft bald auf eine Markierung und hinter einem üppigen Blätterfeld auf einen deutlichen Steig, der am Westufer (rechts) des mittleren Baches bergwärts führt und später in einem Rechtsbogen eine Kuppe mit der **Hackl-Hochalm (4)** erreicht. Nun führt der Pfad über Matten und durch Alpenrosenfelder südwärts ins Hacklkar (Schmiedingerkar) und schließlich nach rechts auf eine Mulde zum **Hacklsee (5)**. Der **Rückweg** erfolgt entlang der Anstiegsroute.

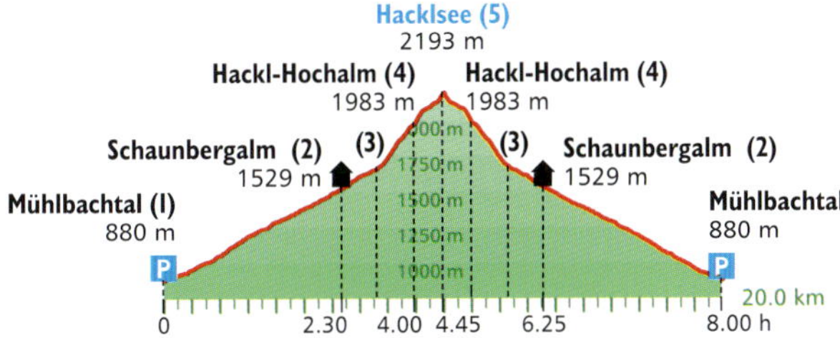

45 Krefelder Hütte, 2295 m

7.45 Std.

Am Alexander-Enzinger-Höhenweg vom Maiskogel zur Krefelder Hütte

Der Alexander-Enzinger-Weg ist eine hohe Wanderroute über dem Kapruner Tal. Er führt von der Bergstation der Maiskogelbahn über mehrere Gipfel zur Krefelder Hütte und zum Alpincenter am Kitzsteinhorn, einem der ältesten und bekanntesten Sommerskigebiete der Ostalpen. Auf der hohen Route blickt man genussreich auf die Paradegipfel um das Große Wiesbachhorn, dessen Nordwestwand – eine ehemals beliebte Eistour – in den letzten Jahrzehnten zu einer schwarzen Bratschenflanke abgeschmolzen ist und klimatische Veränderungen deutlich vor Augen führt. Die Wanderung kann dank zweier Bergbahnen und zweier bewirtschafteter Hütten (Krefelder bzw. Salzburger Hütte) sowohl als Ein- als auch als Zweitagestour durchgeführt werden. Im Umfeld des Alpincenters sind außerdem einige Rundwege ausgeschildert, die teilweise als Naturlehrpfade angelegt sind (siehe Varianten 1 bis 3). Sie überfordern auch den gemütlichen Wanderer nicht und führen ihn zu schönen Aussichtspunkten und interessanten geologischen Gesteinsformationen.

Talort: Kaprun, 786 m.
Ausgangspunkt: Maiskogelbahn-Talstation 815 m. Betriebszeiten: Während der Wandersaison täglich von 9 bis 16.30 Uhr, im Juli und August ab 8 Uhr alle 30 Minuten (Tel. +43 6547 8700). Zufahrt über Kaprun.
Höhenunterschied: Etwa 950 m (kleine Gegenanstiege).
Anforderungen: Lange Kammwanderung, die festes Schuhwerk (Altschneefelder im Grubalmkar bis in den Sommer), stabile Schönwetterlage, ausreichende Sicht, Trittsicherheit und stellenweise auch Schwindelfreiheit erfordert (Seilgeländer auf der Stangenhöhe).
Einkehr: Maiskogelalm, Ghs. Glocknerblick (bew. Mitte Juni bis Anf. Okt., keine Übernachtungsmöglichkeit), Krefelder Hütte (AV, bew. Juli bis Ende Sept., 40 Schlafplätze, Tel. +43 664 5444726), Häuslalm, Salzburger Hütte (ÖTK, bew. Mitte Juni bis Ende Sept., ca. 20 Schlafplätze, Tel. +43 6549 7349), Ederalm, Ghs. Wüstlau.

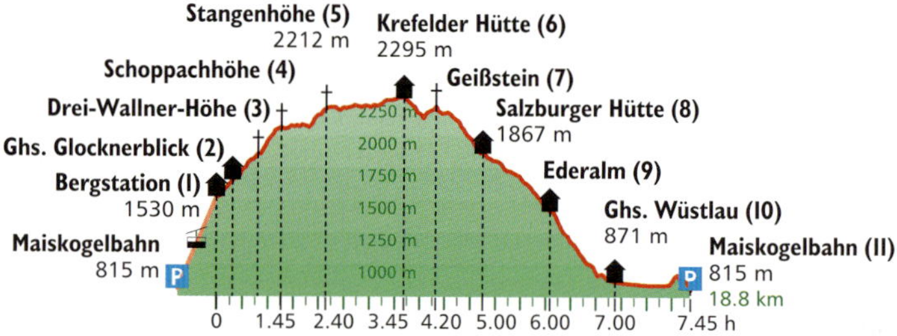

Am Alexander-Enzinger-Weg: Ausblick auf Wiesbachhorn (li.) und Kitzsteinhorn (re.).

Varianten: Mit der Seilbahn (Panoramabahn) aus dem Kapruner Tal zum Alpincenter (2452 m). Dorthin auch zu Fuß von der Krefelder Hütte in ½ Std. Markierte Rundwege im Umfeld des Alpincenters: 1. Panoramaweg Gletscherblick ½ Std., 2. Naturlehrpfad Gletschersee: Alpincenter – Gletscherblick – Moräne – Gletschersee – Wasserfälle – Alpincenter, 1½ Std. 3. Naturlehrpfad Rettenwand: Alpincenter – Tristinger – Rettenwand – Graswandkreuz – Panoramaweg – Alpincenter, 1½ Std. 4. Sigmund-Thun-Klamm: Eingang nur von Norden, gleich unterhalb der Talstation der Maiskogelbahn, 320 m lang, geöffnet Pfingsten bis Ende Sept.

Von der Bergstation der **Maiskogelbahn (1)** wandern wir zum waldumsäumten Gasthaus **Glocknerblick (2)**. Österreichs höchster Gipfel spitzt hier von Süden über eine Scharte herüber. Nun folgen wir dem Ww. »Krefelder Hütte« auf die **Drei-Wallner-Höhe (3)**, steigen dahinter kurz in eine Scharte ab und wandern im Juli durch ein Meer von Alpenrosen auf die Kuppe der **Schoppachhöhe (4)**. Hier beginnt ein Kamm mit mehreren unbedeutenden Kuppen. Ein ausreichend breiter Weg durchschneidet deren steile Grasflanken und überschreitet schließlich an einem Seilgeländer die **Stangenhöhe (5)**, den höchsten Punkt des Kammes mit dem umfassendsten Rundblick auf der Tour. Nun steigen wir in eine Rinne ab und queren das buchtenreiche **Grubalmkar** zuerst ziemlich höhengleich, zuletzt etwas stei-

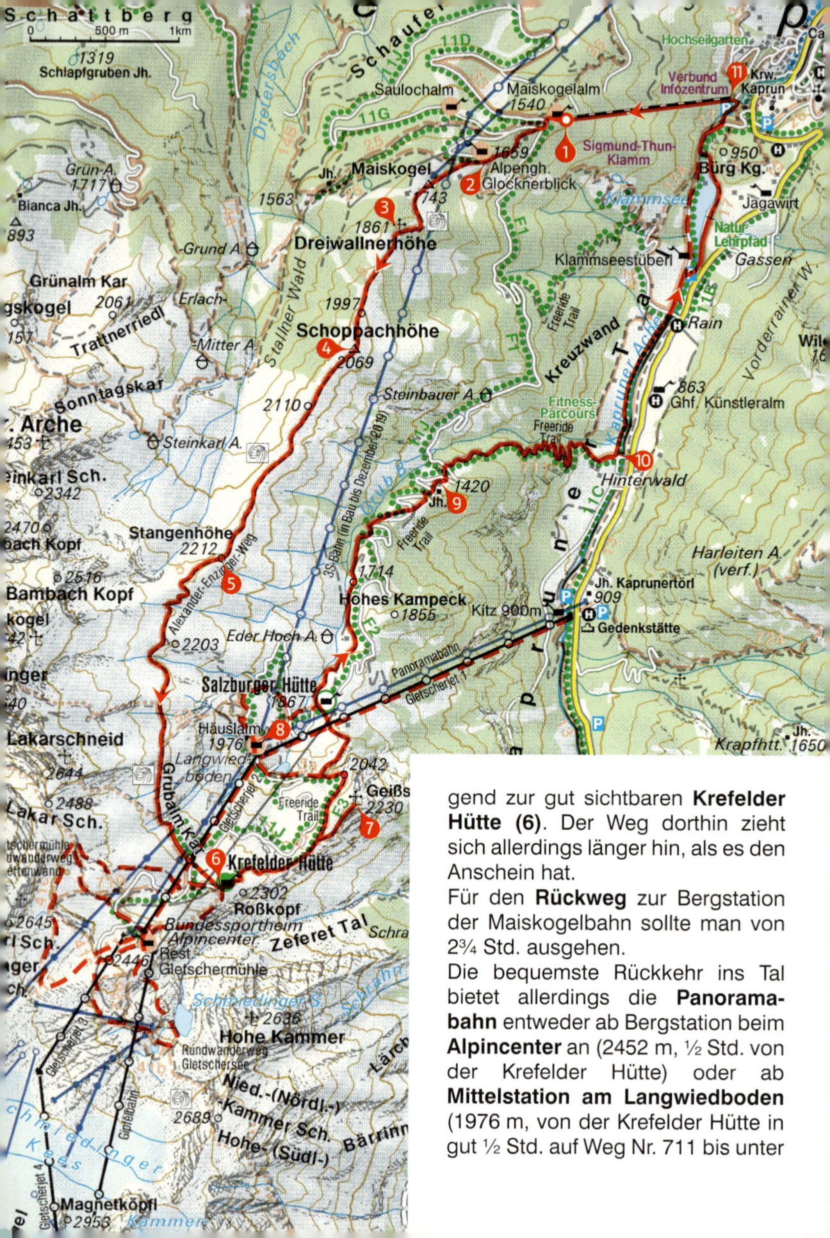

gend zur gut sichtbaren **Krefelder Hütte (6)**. Der Weg dorthin zieht sich allerdings länger hin, als es den Anschein hat.

Für den **Rückweg** zur Bergstation der Maiskogelbahn sollte man von 2¾ Std. ausgehen.

Die bequemste Rückkehr ins Tal bietet allerdings die **Panoramabahn** entweder ab Bergstation beim **Alpincenter** an (2452 m, ½ Std. von der Krefelder Hütte) oder ab **Mittelstation am Langwiedboden** (1976 m, von der Krefelder Hütte in gut ½ Std. auf Weg Nr. 711 bis unter

den Geißstein, dann links zu einem Teich und zur Mittelstation). Von der Talstation der **Panoramabahn** kann man mit dem Bus zur Talstation der **Maiskogelbahn (11)** zurückfahren oder dorthin auf bequemer Route in 1 Std. hinauswandern.
Wer zu Fuß ins Kapruner Tal absteigen will, wandert von der **Krefelder Hütte (6)** – ggf. nach einer Nächtigung – auf Weg Nr. 711 im Bereich einer Skipiste und auf einem Kamm zu einer Scharte vor dem **Geißstein** hinab. Von hier können wir am Grat entlang und links davon einen Abstecher zu seinem bescheidenen, aber aussichtsreichen **Gipfel (7)** (2230 m, ¼ Std. Anstieg) unternehmen. Anschließend steigen wir auf direktem Weg oder über die Mittelstation der Panoramabahn zur **Salzburger Hütte (8)** (Murmeltiere!) ab. Hinter dieser führt der Weg im reizvollen Tal weiter, erreicht bald einen Almkessel und weiter unten einen ehemaligen Lagerplatz. Unterhalb einer reizvoll gelegenen Jagdhütte lädt uns die **Ederalm (9)** zu einer Brotzeit ein. Etwa 150 Hm darunter wird der Weg breiter, kurvt in weiten Schleifen durch einen steilen Waldgürtel zum Talboden und erreicht jenseits der Kapruner Ache das **Gasthaus Wüstlau (10)**. Am linken Ufer der Kapruner Ache und am Klammsee entlang wandern wir zur Talstation der **Maiskogelbahn (11)** hinaus.

Am Geißstein: Ausblick auf das Kitzsteinhorn (links). In der rechten, oberen Bildhälfte erkennt man die Krefelder Hütte und darüber das Alpincenter.

46 Heinrich-Schwaiger-Haus, 2802 m

4.45 Std.

Hochalpine Schutzhütte über dem Mooserboden

Das Heinrich-Schwaiger-Haus gilt seit jeher als wichtigster Stützpunkt an einem der schönsten und begehrtesten Bergsteigerziele in der Glocknergruppe, nämlich am Großen Wiesbachhorn und seinem Kaindlgrat. Für den Bergwanderer endet die Tour an der vor allem an schönen Wochenenden viel besuchten Hütte, einem erstklassigen Aussichtsbalkon über den Kapruner Stauseen.

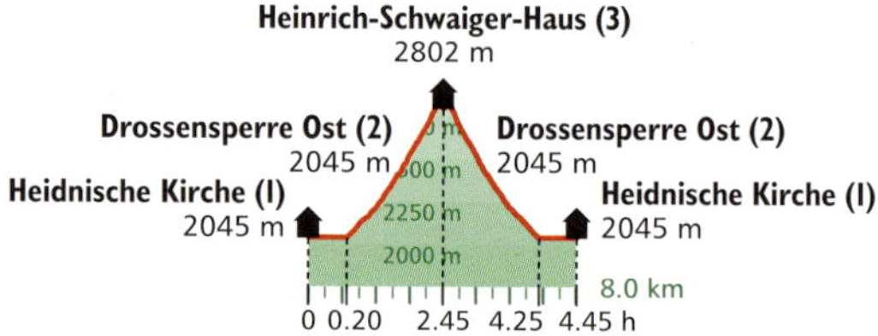

Talort: Kaprun, 786 m.
Ausgangspunkt: Bushaltestelle »Heidnische Kirche« am Mooserboden, 2045 m.
Höhenunterschied: Gut 760 m.
Anforderungen: Alpiner Hüttenweg über eine Steilflanke, die mit zunehmender Höhe brüchiger wird und bei Passagen mit abwärts geschichtetem Fels Trittsicherheit und Schwindelfreiheit erfordert. Für Wanderer trotz einiger Seilsicherungen nur bei eisfreien Verhältnissen im Sommer!
Einkehr: Heinrich-Schwaiger-Haus (AV, bew. Mitte Juni bis Sept., 72 Schlafplätze, Tel. +43 664 6565555), Restaurants im Bereich der Staumauern ohne Übernachtungsmöglichkeit. Fürther Moaralm (bew. Mitte Juni bis Ende Sept., 50 Schlafplätze, Tel. +43 6547 71583435, Bushaltestelle).
Variante: Besteigung des Gr. Wiesbachhorn (Kaindlgrat) mit Führer.

Die Kapruner Stauseen unter dem Heinrich-Schwaiger-Haus.

An der **Bushaltestelle (1)** reiht man sich zuerst in den Strom der vielen Besucher des Mooserbodens ein und überquert mit ihnen die beiden großen **Staumauern (2)**. Dahinter wendet man sich nach links, gelangt über eine Steintreppe in eine Grasmulde mit einer Weggabelung. Links führt der Max-Hirschel-Weg (Nr. 723) zur Gleiwitzer Hütte, geradeaus folgt man dem **Steig Nr. 718** zum **Heinrich-Schwaiger-Haus (3)**. Über eine kurze, mit Seil und Eisenstiften gesicherte Passage holt er zuerst nach Norden aus, ehe er in vielen großen Schleifen über eine steile Flanke rasch an Höhe gewinnt. Der Zustieg ist den Umständen entsprechend gut präpariert, duldet jedoch phasenweise keine Unachtsamkeit (im Herbst oft vereist) und nimmt mit der Nähe der Hütte an Brüchigkeit zu. An- und **Abstieg** sind gleich.

47 Austriaweg am Mooserboden

3.00 Std.

Lehrweg entlang eines bedeutenden Stausees

Der Austriaweg am Südostufer des Stausees Mooserboden zählt zu den einfachsten Wanderungen dieses Führers. Man sollte sich daher auch von dem Seilgeländer am Felseneck hinter der ersten Bucht nicht verwirren lassen; dahinter sind die »Schwierigkeiten« vorbei. Der Austriaweg ist zugleich als Lehrweg mit rund 30 Stationen angelegt, gibt Informationen zur Kraftwerksgruppe Glockner-Kaprun und vermittelt einen Einblick in die Berg- und Gletscherwelt des Hochgebirges und seine vielfältige Flora.

Talort: Kaprun, 786 m.
Ausgangspunkt: Bushaltestelle an der Staumauer des Speichers Mooserboden (Heidnische Kirche), 2045 m.
Höhenunterschied: Maximal 50 m.
Anforderungen: Bequeme Wanderung auf guten Wegen ohne nennenswerten Höhenunterschied, am schroffen Felseck hinter der ersten Seebucht sehr gutes Seilgeländer.
Einkehr: Keine Einkehrmöglichkeit auf der Wanderung. Zwei Restaurants im Bereich der Staumauer ohne Übernachtungsmöglichkeit. Fürther Moaralm (1803 m, privat, an der Straße zwischen den Stauseen Mooserboden und Wasserfallboden, aufgrund eines Großbrandes erst wieder ab Sommer 2023 geöffnet, Bushaltestelle, Wanderweg von der Heidnischen Kirche, gut ½ Std.). Das Schärf-Haus der Naturfreunde am Mooserboden besteht nicht mehr!
Varianten: Von der Bushaltestelle Heidnische Kirche (Staumauer) kann man den Alpenblumenweg (½ Std.) oder/und den Kräuterlehrweg zur Fürther Moaralm (ca. ¾ Std.) einschlagen. Zwischen den beiden Staumauern bietet sich außerdem der Panoramaweg Hohenburg (ca. ½ Std.) an.

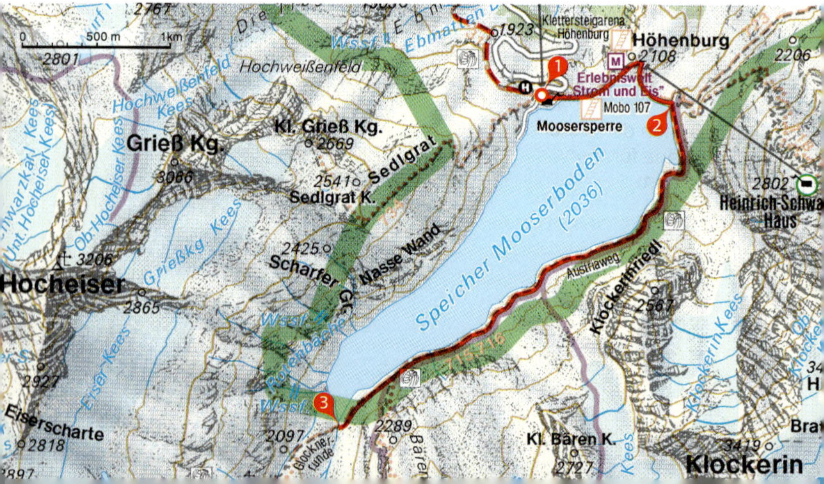

Abstieg zum Speicher Mooserboden und zum Austriaweg am rechten Seeufer.

Der Routenverlauf ist denkbar einfach: Man wandert von der **Bushaltestelle (1)** über die beiden **Staumauern (2)**, zuerst über die Mooser-, dann über die Drossensperre. Dahinter wendet man sich rechts und folgt dem breiten Wanderweg bis zum **Südufer (3)** des Stausees, wo in einem Winkel zur Linken ein Wasserfall und die Reste der Gletscherzunge des Karlingerkeeses die Aufmerksamkeit auf sich lenken, während sich auf den Matten unweit davon eine üppige Flora entfaltet. Bis zum Südufer sind einige von verschiedenen Hängegletschern herabstürzende Bäche zu queren. Die über dem Stausee aufragende Hochgebirgskulisse und die sich im kargen Moränenschutt entfaltende Blumenpracht schenken dem Auge Abwechslung und reiche Beobachtungsmöglichkeit. Hin- und **Rückweg** verlaufen auf der gleichen Route.

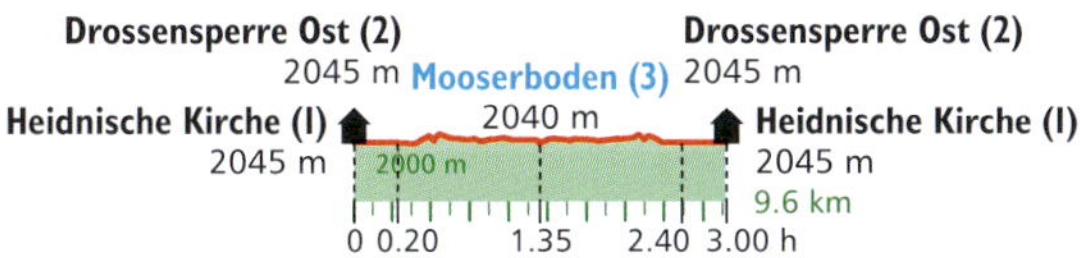

48

Sedlgrat und Kleiner Grießkogel, 2669 m

3.45 Std.

Aussichtspunkte zu den Kapruner Stauseen und zum Wiesbachhorn

Wer die großartige Hochgebirgslandschaft mit den stolzen Dreitausendern um das Große Wiesbachhorn, die zwischen den Gipfeln eingelagerten Hängegletscher und die zwei großen Stauseen des Mooser- und Wasserfallbodens abseits des großen Trubels in Ruhe genießen will, dem kann man den Panoramaweg Sedlgrat, der über blumige Matten zum Sedlgratkopf (»Sedl« = Lagerplatz von Tieren) und zum Kleinen Grießkogel führt, nur empfehlen.

Talort: Kaprun, 786 m.
Ausgangspunkt: Bushaltestelle an der Staumauer des Speichers Mooserboden (Heidnische Kirche), 2045 m.
Höhenunterschied: Ca. 630 m.
Anforderungen: Bei guten Verhältnissen unschwierige Bergwanderung.
Einkehr: Keine Einkehrmöglichkeit auf der Wanderung. Restaurants im Bereich der Staumauer ohne Übernachtungsmöglichkeit. Vollwertigen Ersatz bietet die Fürther Moaralm (1803 m, privat, an der Straße zwischen den Stauseen Mooserboden und Wasserfallboden, bew. Mitte Juni bis Ende Sept., 50 Schlafplätze, Tel. +43 6547 71583435, Bushaltestelle, Wanderweg von der Heidnischen Kirche gut ½ Std.).
Varianten: 1. Von der Bushaltestelle Heidnische Kirche auf dem Alpenblumenweg (½ Std.) oder/und dem Kräuterlehrweg zur Fürther Moaralm (ca. ¾ Std.).
2. Zwischen den beiden Staumauern bietet sich der Panoramaweg Hohenburg (ca. ½ Std.) als Minimalvariante an.
3. Der markierte Steig vom Kleinen auf den Großen Grießkogel (3065 m, hervorragender Aussichtspunkt, ca. 1 Std. Anstieg) nimmt mit der Höhe an Schwierigkeit zu. Er folgt vom Kl. Grießkogel dem Grat südlich eines großen Firnfeldes, steigt dahinter zuerst entlang eines weiteren Firnstreifens, dann über einen großen Blockhang zum Vorgipfel und über einen schmalen, recht luftigen Felsgrat zum Hauptgipfel an. Auch bei günstigen Bedingungen Erfahrung im Hochgebirge unerlässllich, Schwierigkeit »schwarz«. Keinesfalls bei Nässe oder gar Vereisung!

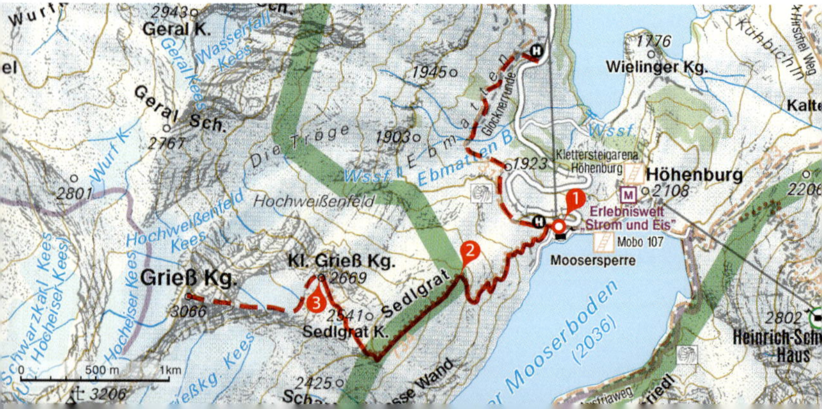

Glocknerkulisse am Großen Grießkogel (Variante 3).

Von der **Heidnischen Kirche (1)**, dem Endpunkt der Buslinie zu den viel besuchten Kapruner Stauseen, führt der gut begehbare **Wanderweg 734** über Bergwiesen auf eine ausgeprägte Schulter mit großem Steinmann, wo man die Außenzone des Nationalparks betritt. Am Ostrand eines Plateaus – **Sedlgrat (2)** – wandert man südwärts zu einer weiteren Schulter mit interessantem Blick zum Gletscherwinkel um Hohe Riffl und Karlingerkees. Entlang eines Grates gewinnt man im Rechtsbogen einen weiteren Absatz mit einer Lacke und hinter einer Kuppe über einen Schuttkamm den Steinmann am **Kleinen Grießkogel (3)**. Der **Abstieg** hält sich ganz an die Anstiegsroute.

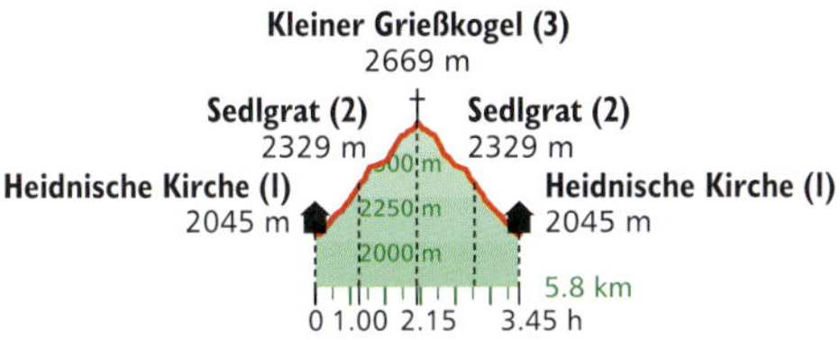

49 Hirzbachalm, 1715 m, und Gleiwitzer Hütte, 2174 m

6.45 Std.

Ein grandioser Almkessel und blumenreiche Matten

Die auf einem aussichtsreichen Balkon thronende Gleiwitzer Hütte ist nicht nur der bedeutendste Ausgangspunkt für eine Besteigung des Hohen Tenn, sondern auch ein beliebtes Ziel für Bergwanderer im Fuscher Tal. Landschaftliche Höhepunkte auf dem Weg zur Hütte sind der gewaltige Bergkessel unter der Nordwand des mächtigen Dreitausenders mit der bewirtschafteten Hirzbachalm und die blumenreichen Matten unterhalb der Bergsteigerunterkunft. Zwar ist die Nordwand des Hohen Tenn ebenso wie einige andere berühmte Firnflanken in der Glocknergruppe abgetaut und brüchigem, dunklem Gestein gewichen, doch im Frühsommer oder nach einem Kaltlufteinbruch lässt der Berg im frischen Schneekleid seine einstige Gletscherpracht erahnen.

Talort/Ausgangspunkt: Fusch an der Großglocknerstraße, 813 m. Öffentlicher Parkplatz bei der Raiffeisenkasse und begrenzte Parkmöglichkeit beim alten Sägewerk am Fuß des Berges.
Höhenunterschied: Hirzbachalm 900 m, Gleiwitzer Hütte 1360 m.
Anforderungen: Breiter, schattiger Wanderweg zur Hirzbachalm; morastige Passagen in deren Umgebung; angenehm steigender, aber sonnenexponierter Weg zur Hütte.
Einkehr: Hirzbachalm, bew. Ende Juni bis Ende Sept.; Gleiwitzer Hütte (AV, 80 Schlafplätze, bew. Juni mit Sept., Tel. +43 664 9294989).

Südlich der Kirche von **Fusch (1)**, unmittelbar hinter der Hirzbachbrücke, zweigt der breite **AV-Weg 725** von der Großglocknerstraße westwärts zur Gleiwitzer Hütte ab. Er windet sich auf der Südseite des Hirzbaches nahezu 800 Hm durch den Bergwald hinauf. Auf einer schrägen Brückenkonstruktion wechselt er schließlich auf das Nordufer des Gewässers und tritt an der folgenden Wegkurve in die Außenzone des Nationalparks. Nun flacht das Gelände deutlich ab und die Talschlucht weitet sich zu einem gewaltigen

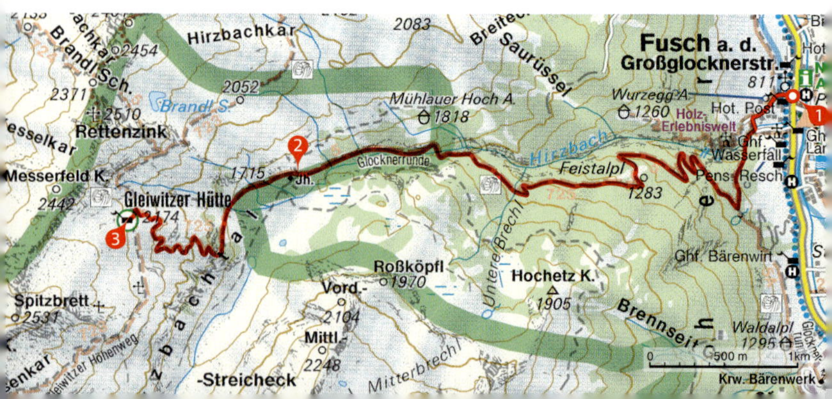

Auf der Hirzbachalm, unterm Hohen Tenn (links) und Bauernbrachkopf (Mitte).

Kessel am Fuß der Nordflanke des Hohen Tenn. Vor dieser prächtigen Hochgebirgskulisse liegt die **Hirzbachalm (2)**, auf der rund 300 Schafe, 200 Rinder und ca. 20 Pferde sömmern. Zur **Gleiwitzer Hütte (3)**, die beim Eintritt in den Almkessel auf einem Grasbalkon sichtbar wird, führt der Weg leicht steigend in einem Linksbogen durch eine Feuchtzone zu einem erlengesäumten Bachlauf und zieht dahinter zuerst durch lichten Baumbestand, dann in vielen angenehmen Schleifen über einen blumenreichen, ostseitigen Steilhang zur Bergsteigerunterkunft hinauf. Am Anstiegsweg kehrt man am einfachsten wieder nach **Fusch (1)** zurück oder wählt für den Abstieg die Tour 50.

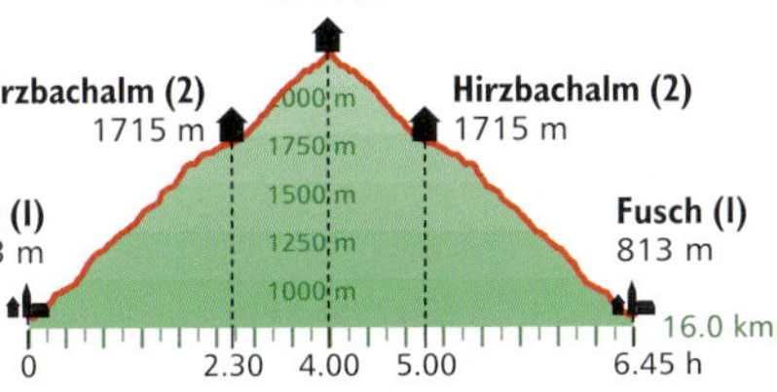

50 Rettenzink, 2510 m, und Imbachhorn, 2470 m

5.30 Std.

Die zwei »leichten« Hausberge der Gleiwitzer Hütte

Wenn der Hohe Tenn – aus welchen Gründen auch immer – für eine Besteigung um eine Nummer zu groß ist, kann man von der Gleiwitzer Hütte mit dem Rettenzink und dem Imbachhorn zwei nahe Ersatzziele angehen und braucht auf ein Gipfelerlebnis nicht verzichten. Dabei ist die gut mit Seilen gesicherte Route auf den Rettenzink um eine volle Schwierigkeitsstufe höher zu bewerten als die aufs grasige Imbachhorn. Die Runde über die beiden Gipfel bietet außerdem eine interessante Abstiegsvariante von der Gleiwitzer Hütte über die im Sommer bewirtschaftete Hintere Judendorfalm (Ponyhof) nach Fusch.

Talort: Fusch, 813 m.
Ausgangspunkt: Gleiwitzer Hütte, 2174 m. Zugang von Fusch wie Tour 49.
Höhenunterschied: 450 m.
Anforderungen: Steile Grasflanke, mit Seilen gesicherte Felspassagen und schottriger Gipfelaufbau am Rettenzink, grasiges Wandergelände zum Imbachhorn.
Einkehr: Gleiwitzer Hütte, Ponyhof (Hintere Judendorfalm).

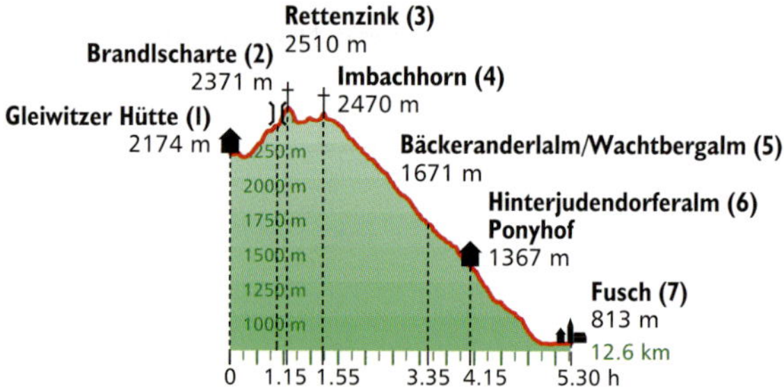

Rechts von der **Gleiwitzer Hütte (1)** quert der zuerst eben verlaufende Weg Nr. 723 einen Graben und steigt dann in zahlreichen Kehren über die steile, südostseitige Grasflanke des Rettenzink (zwei kurze Seilpassagen) zu einer Wegteilung auf einer Schulter an. Hier zweigt der direkte Weg nach Bruck rechts ab, der Steig zu den Gipfeln aber führt links in der Nordostflanke des Rettenzink mäßig steigend zur **Brandlscharte (2)** weiter und teilt sich dort dreifach. Westwärts geht es auf Weg Nr. 724 über Grashänge zur Gletscherbahn von Kaprun hinab, rechts zum Imbachhorn und scharf links auf den Rettenzink. Zum Letztgenannten zieht der Steig rechts von einem Felszahn und Grat zu einer Scharte hinauf, umgeht den darüber liegenden Felskopf auf seiner linken Seite mit Ketten- bzw. Seilhilfe und auf einem Grasband zu einem

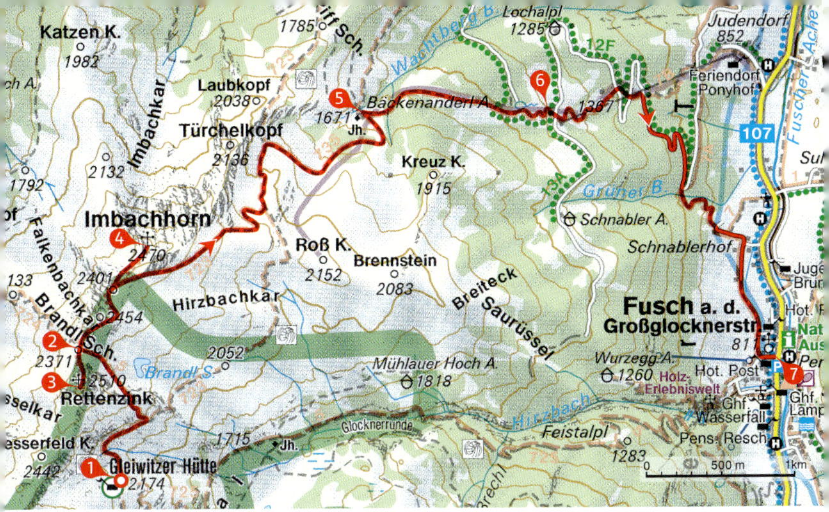

weiteren Schartl. Über ein gesichertes Felsköpfl und einen schottrigen, aber gut gangbaren Hang erreichen wir den **Rettenzink (3)**, der uns mit einem tollen Ausblick auf den Hohen Tenn beschenkt. Nach dem Abstieg in die **Brandlscharte (2)** umgehen wir zum Imbachhorn dessen grasigen Vorgipfel auf der rechten Seite und treffen auf der Scharte dahinter auf eine Wegteilung. Geradeaus geht es zum **Imbachhorn (4)** weiter, das uns mit einem großartigen Tiefblick zum Zeller See überrascht, rechts ostwärts führt unsere Abstiegsroute in Richtung »Bruck« hinab. Sie läuft zuerst an der Südostflanke des Imbachhorn entlang und steigt dahinter bei einer Wegtafel links (!) über einen Weidezaun. Über einen Grasrücken und links von einem Kamm erreichen wir eine weitere Gabelung, halten uns dort rechts und steigen über einen Kamm hinweg in einen Bachgraben ab. Nach der Querung des Gewässers läuft der Weg am Hang entlang durch Lärchengehölz zur **Wachtbergalm (5)** hinab. Dort teilt sich die Route erneut: links »Bruck« – rechts »Fusch«. Der rechte Weg führt im Wechsel von Wald und Weidegelände zu dem im Sommer bewirtschafteten **Ponyhof** auf der **Hinteren Judendorfalm (6)**. Der kürzere Steig nach Fusch läuft zwischen den Gebäuden hindurch und anschließend in einer anfangs feuchten Mulde und in der Nähe eines Materialaufzugs talwärts. Er überquert dabei zweimal eine Almstraße und folgt ihr bei der dritten Begegnung bis zu einem Graben (Grüner Bach). Hier schert die Route rechts auf den »Panoramaweg« aus, der den Wassergraben quert und sich dann durch den Wald zum Schnablerhof ins Tal windet. Von dort geht es rechts bequem nach **Fusch (7)** zurück.

Bild S. 144: Hoher Tenn (Mitte) und Bauernbrachkopf (rechts) über der Gleiwitzer Hütte.

3.30 Std.

Walcher-Hochalm, 1853 m

51 TOP

Ein imposanter Wasserfall und ein gewaltiger Bergkessel

Der imposante Walcher-Wasserfall, der sich in mehreren Kaskaden über eine rund 700 m hohe Steilstufe stürzt, lenkt schon in Ferleiten unsere Aufmerksamkeit auf sich. Auf dem »Wassererlebnis-Weg« kann man in seiner Nähe zur Walcher-Hochalm hinaufwandern und den Wasserfall an zwei Stellen sogar queren. Die Begehbarkeit ist vorher abzuklären (siehe Hinweis)!

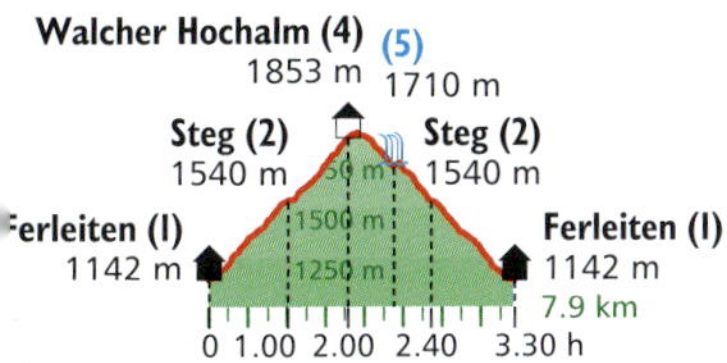

Talort/Ausgangspunkt: Ferleiten, 1142 m. Parkplatz vor der Mautstelle der Großglockner-Hochalpenstraße (Wildpark).
Höhenunterschied: Walcher-Hochalm gut 700 m, Walcherhörndl 900 m.
Anforderungen: Wasser-Erlebnisweg gut ausgebaut, 1 Stelle mit Seilhandlauf gesichert, vormittags stark der Sonne ausgesetzt, über die Grundalm stellenweise nass.
Einkehr: Lukashansl und Tauernhof in Ferleiten. Keine Einkehrmöglichkeit auf der Tour.
Varianten: Walcherhörndl, 2047 m. Von der Hochalm südwärts über den Bach zu einer Verzweigung. Hier rechts ab, in einer Links-Rechts-Schleife auf die Hörndlscharte und links über den Grat zum Gipfel (»rot«, 1¼ Std. hin und zurück).
Hinweis: Über die Begehbarkeit des Wasser-Erlebnisweges vor der Tour Auskunft einholen, Tel. +43 6545 7295.

Der Walcherbach stürzt oberhalb des Steges in mehreren Kaskaden zu Tal.

Von den Parkplätzen in **Ferleiten (1)** gehen wir westwärts über die Fuscher Ache und gleich nach der Brücke geradeaus über eine Treppe. Anschließend wandern wir über Bergweiden (Gatter) schräg rechts zu einem breiten Almweg hinauf und auf diesem in vielen Serpentinen zu einer Weggabelung auf gut halber Höhe. Am rechten Weg können wir den Walcherbach auf einem **Steg (2)** überqueren und steigen dann über die **Walcher-Grundalm (3)** und freies Gelände westwärts zur **Walcher-Hochalm (4)** hinauf, die von einem beeindruckender Bergkessel umrahmt ist. Nach einer Schau- und Rastpause geht es südwärts über den Walcherbach zu einer Verzweigung: rechts Variante – links Hauptroute. Letztere führt talwärts zu einer Wegteilung. Auf einem kurzen Abstecher gelangen wir wie unter einen Schanzentisch zum **Wasserfall-Durchgang (5)**, wo der tosende Bergbach in einem gewaltigen Naturschauspiel über uns hinweg in die Tiefe stürzt. Anschließend steigen wir auf weitgehend bekannter Route nach Ferleiten ab.

Oben: Der Schleierfall kann auf einem Weg hinterwandert werden. Rechts: Kl. Wiesbachhorn (li.) und Hoher Tenn (re.) über dem Walcherkessel und -Wasserfall.

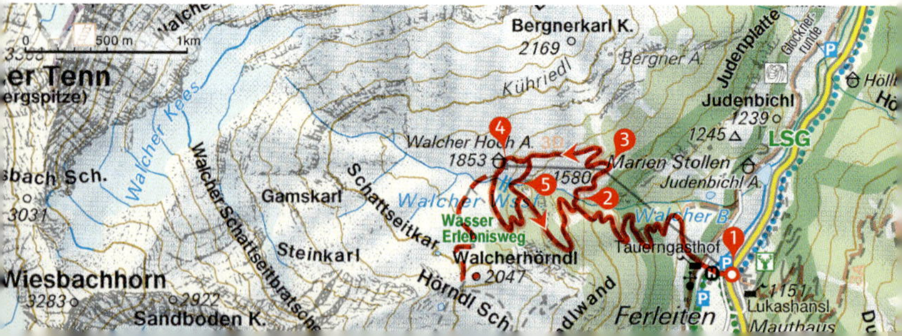

52 Schwarzenberghütte, 2269 m

6.00 Std.

Schlichte Hütte auf alten Fundamenten

Die heutige Schwarzenberghütte wurde 1986 auf den Überresten der ehemaligen Mainzer Hütte errichtet, die von einer Lawine zerstört wurde. Dem Hochtouristen bietet der Stützpunkt heute einen interessanten ost- und nordseitigen Zugang ins Glocknergebiet, abseits der Rummelplätze um die Franz-Josefs-Höhe oder den Mooserboden. Die Tour zu der im Sommer bewarteten Hütte führt über sonnenexponierte Osthänge und eignet sich nur für konditionsstarke, anspruchslose Wanderer.

Talort: Ferleiten, 1142 m, Gemeinde Fusch a. d. Großglocknerstraße.
Ausgangspunkt: Tauernhof am Westufer der Fuscher Ache oder Parkplätze beim Wildpark unmittelbar bei der Mautstelle der Glocknerstraße, 1142 m.
Höhenunterschied: 1130 m.
Anforderungen: Gut angelegter, langer, z.T. steiler und besonders am Vormittag der Sonne ausgesetzter Hüttenanstieg.
Einkehr: Schwarzenberghütte, AV, 28 L., nur bewartet, Tel. +43 680 3064319 oder +43 664 2823701; Tauernhof und Gasthof beim Wildpark in Ferleiten, während der ganzen Saison bew. Keine Einkehrmöglichkeit während des Hüttenanstiegs.
Varianten: Für Trittsichere und Konditionsstarke von der Hütte in 1 Std. zum Steinkarkopf, 2527 m und/oder Remsköpfl, 2639 m. Hohe Dock und Bratschenköpfe z.T. auf luftigen und anspruchsvollen Steiganlagen nur unter Führung und entsprechender Ausrüstung empfehlenswert!

Die Schwarzenberghütte, eine bescheidene Unterkunft in der Glocknergruppe.

Von den Parkplätzen beim **Wildpark (1)** geht man zum **Tauernhof** auf der gegenüberliegenden Bachseite und folgt ca. zwei Kilometer dem südwärts führenden Sträßchen bis kurz hinter die **Vögerlalm (2)**. Beim zweiten, zur Straße herabreichenden, heckenartigen Waldstreifen zweigt rechts der Fahrweg zur Vögerlalm und der **Mainzer Weg Nr. 727** zur Schwarzenberghütte ab. In angenehmer Steigung geht's zuerst über Almwiesen, einen Gletscherbach und Alpenrosenmatten zu einer Mulde unter der **Käferleite (3)**. Dann überwindet man schweißtreibend deren 300 Meter hohen Steilhang in vielen kleinen Serpentinen, ehe der Pfad südwärts schwenkt und nach der Querung mehrerer kleiner Bachläufe erneut in Serpentinen über Moränen zur bescheidenen **Schwarzenberghütte (4)** hinaufführt. Als **Abstieg** kommt nur die Anstiegsroute in Frage!

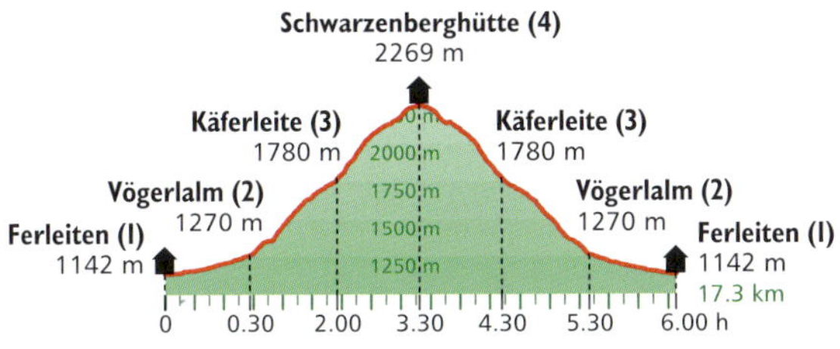

53 Rotmoos, 1291 m, und Trauneralm, 1522 m

4.45 Std.

Gewaltige Kulisse über einem der größten Moore der Hohen Tauern

Steinhage (aus Klaubsteinen aufgeschichtete Weideabgrenzungen), alte Almhütten und spiegelnde Tümpel begleiten den Wanderer auf dem Weg ins blumenreiche Rotmoos, das seinen Namen dem im Frühsommer reichlich blühenden, breitblättrigen Knabenkraut verdankt und zu den größten Mooren der Hohen Tauern zählt. Bequem ist auch die Route zur Trauneralm.

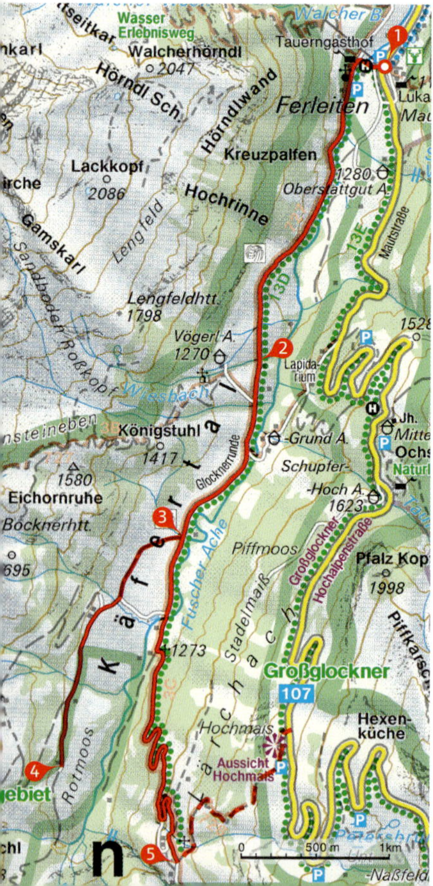

Talort/Ausgangspunkt: Ferleiten, 1142 m. Parkplatz beim Wildpark, vor der Mautstelle der Großglocknerstraße.
Höhenunterschied: 410 m.
Anforderungen: Bequeme Forststraße.
Einkehr: Gasthof am Wildpark und Tauernhof während der ganzen Saison bew., Trauneralm bew. Juni mit Sept., Übernachtungsmöglichkeit.
Variante: Mit Kleinbus von Ferleiten nach Hochmais an der Glocknerstraße (1850 m), dann zu Fuß über die Trauneralm in ca. 2½ Std. auf der Hauptroute talwärts nach Ferleiten.
Hinweis: Die Glocknerstraße befährt dreimal pro Woche ein Privatbus (Vorderegger-Reisen, Anmeldung am Vortag bis 17 Uhr, Tel. +43 6542 54990).

Von den Parkplätzen in **Ferleiten (1)** gehen wir auf einem Sträßchen über die Fuscher Ache zum **Tauernhof**. Hinter diesem steigt der für den Verkehr gesperrte Fahrweg bis hinter die **Vögerlalm (2)** leicht an und führt dann eben zu einer **Straßenverzweigung (3)** und Brücke. Vor dieser geht's rechts an einem Weiher vorbei, zwischen Steinhagen hindurch zu einer alten Almhütte und hinter einem Zaun mit Hühnerleiter noch zu einer **Jagdhütte (4)** mit Brunnen. Östlich derselben breitet sich das **Rotmoos** aus.

Sonnenwelleck (links) und Fuscherkarkopf (Mitte) über dem Käfertal und Rotmoos.

Zur **Trauneralm (5)** zweigen wir an der Straßengabelung und Brücke links ab und folgen dem Fahrweg überwiegend durch Wald bis auf die Jausenstation. Für den **Rückweg** können wir zwischen der Straße und der Variante über Hochmais wählen.

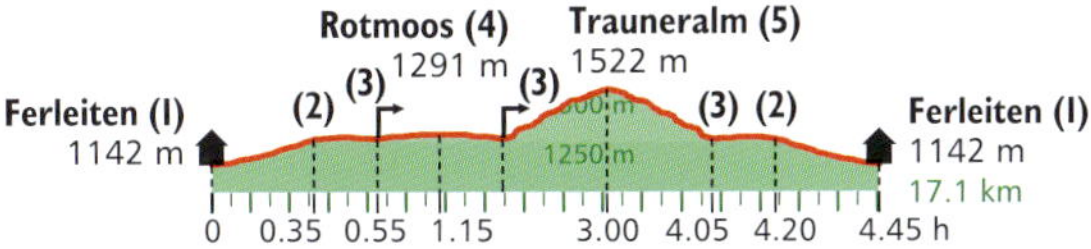

54 Edelweißspitze, 2577 m, und Baumgartlkopf, 2623 m

3.45 Std.

Mit wenigen Schritten vom Rummel in die Stille

Auf der Kammwanderung vom Fuscher Törl zum Baumgartlkopf tritt man hinter dem Aussichtsturm der Edelweißspitze mit wenigen Schritten vom Rummel entlang der Glocknerstraße in die Stille hinaus, in die sich nur noch wenige Wanderer »verirren«. Als Aussichtspunkt übertrifft die Edelweißspitze ihre Nachbarn. Bitte Hinweis beachten.

Talort: Ferleiten, 1142 m.
Ausgangspunkt: Fuscher Törl, 2404 m. Auf der mautpflichtigen Großglocknerstraße mit Pkw oder Privatbus nach Anmeldung. Siehe Hinweis.
Höhenunterschied: Mehrere Teilanstiege, zusammen 590 m.
Anforderungen: Beim Abstieg von der Edelweißspitze und am Grat zum Baumgartlkopf ist Trittsicherheit erforderlich.
Einkehr: Gasthäuser auf der Edelweißspitze, am Fuscher Törl, in Ferleiten.
Variante: Der Weg ist nur bis zum Baumgartlkopf markiert, doch man kann am Grat entlang bis zum kreuzgeschmückten Hirzkarkopf (2548 m) weiterwandern, wobei man den felsigen Gratköpfen gut ausweichen kann (übersichtlich, Schwierigkeit »rot«, ½ Std. hin, ¾ Std. zurück).
Hinweis: Auf der Nordrampe der Glocknerstraße (Fusch – Ferleiten – Fuscher Törl – Hochtor) wurde die öffentliche Buslinie 2012 eingestellt; es verkehrt zur Zeit wöchentlich dreimal ein Privatbus von Vorderegger-Reisen, Tel. +43 6542 54990, Anmeldung am Vortag bis 17 Uhr).

Fuscher Törl und Glocknerstraße von der Edelweißspitze. Links der Brennkogel.

Vom **Fuscher Törl (1)** führt links neben der Straße ein breiter Wanderweg auf die Plattform und den Aussichtsturm der **Edelweißspitze (2)**, den höchsten Punkt der Großglockner-Hochalpenstraße. Unmittelbar davor zweigt rechts ein schottriger Steig ab, der zunächst steil in eine **Scharte** hinabführt. Hier breitet sich westseitig das »Sonderschutzgebiet Piffkar« aus. Am Rand desselben führt der Weg zuerst über eine Kuppe hinweg und dann an der Ostseite des **Kendlkopfes (3)** leicht in eine weitere Einschartung hinab. Nun geht es an einem Grat und Zaun entlang steil zum Kreuz des **Baumgartlkopfes (4)** hinauf. Hin- und **Rückweg** sind gleich.

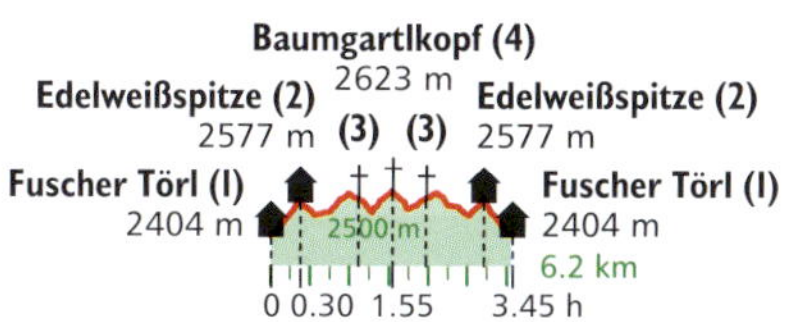

TOP **55**

Schwarzkopf, 2766 m

7.30 Std.

Einsamer Koloss vor den Eisriesen der Hohen Tauern

Der Schwarzkopf ist ein Aussichtspunkt ersten Ranges auf die Nördlichen Kalkalpen vom Wilden Kaiser über das Steinerne Meer bis zum Dachstein und vor allem auf den Alpenhauptkamm von den Niederen Tauern über die Ankogel-, Goldberg- und Schober- zur alles überstrahlenden Glocknergruppe. Außerdem bietet der stille Gipfel einen reizvollen Tiefblick zum Zeller See. Die Schwierigkeiten auf der Wanderung zum Schwarzkopf liegen weniger im technischen als vielmehr im konditionellen Bereich und stellen auch für den trainierten Wanderer eine Herausforderung dar.

Talort: Fusch an der Großglocknerstraße, 813 m. Bus von Zell am See.
Ausgangspunkt: Bad Fusch, 1188 m, Heilwasserbrunnen, Kneippanlage. Zufahrt über die Bad Fuscher Straße (4 km). Auskunft über die Befahrbarkeit der Straße über Tel. +43 6545 7295.
Höhenunterschied: 1580 m.
Anforderungen: Markierter, meist gut gangbarer Almsteig durch eine Waldzone, über ausgedehnte Bergweiden und einen Karkessel auf eine Scharte. Zuletzt über einen Blockgrat, der wiederholt Trittsicherheit erfordert, zum Gipfel. Eine Tour für konditionsstarke Geher bei stabiler Schönwetterlage, guter Sicht und eisfreien Verhältnissen.
Einkehr: Keine! Brunnen an der Riegeralm, Kiosk mit Jst. in Bad Fusch.
Variante: Abstieg von der Grünkarscharte auf Weg 3A süd- und westwärts über steile Grashänge, ausgedehnte, z.T. dürftig markierte Matten und Wald nach Ferleiten (3 Std.). Nicht bei Nässe und nur bei ausreichender Sicht!

Von **Bad Fusch (1)** wandern wir auf dem Sträßchen rechts etwa 1 km auf einen großen Boden, bis uns das Schild »Schwarzkopf 2H« rechts über Wiesen zur **Embach-Grundalm (2)** weist. Links von dieser geht es kurz über einen keilförmigen

Ausblick vom NW-Grat des Schwarzkopfes auf den Großglockner.

Grashang, dann durch einen Waldgürtel auf Bergweiden hinaus. Über diese führt der Weg in weiten Schleifen zur **Riegeralm (3)** hinauf und dahinter auf der Westseite eines Bergbaches zuerst über eine breite Grasrampe, dann über gestufte Matten zu den Mauerresten der **Rieger Hochalm**. Danach erreichen wir ein schon lange sichtbares Tor, durch das der Bach aus dem unteren Boden des **Grünkares (4)** springt. Über die rechten, blumenreichen Osthänge desselben zieht der Steig auf den oberen Karboden und zur **Grünkarscharte (5)**. Hier treten die Paradegipfel der Glocknergruppe urplötzlich auf die Bildfläche und fesseln das Auge. Hier betritt man auch die Kernzone des Nationalparks und wendet sich dem linken Grat zu. Der Steig führt zuerst rechts der Gratschneide weiter, geht steilere Felspassagen im Mittelteil von links her an und quert unter dem Gipfel vom Nordwestgrat über eine Blockhalde zum Nordostgrat, über den wir den **Schwarzkopf (6)** erreichen. Als **Abstieg** ist die Anstiegsroute zu empfehlen.

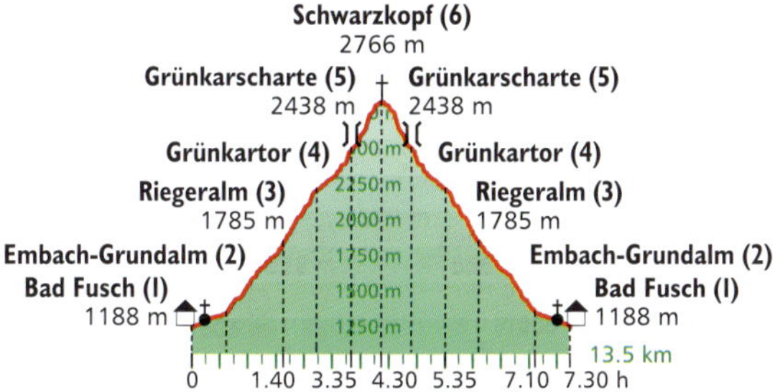

56 Kasereck, 1589 m, und Kreuzköpfl, 2094 m

5.00 Std.

Gipfelparade mit Großglockner, Wiesbachhorn und Hohem Tenn

Die stille Wanderung von Bad Fusch auf das Kreuzköpfl bietet eine reiche Sommerflora und begeistert vor allem ab dem Kasereck mit einer grandiosen Gipfelparade. Sonnenwelleck und Fuscherkarkopf, Großglockner und Hohe Dock, Großes und Kleines Wiesbachhorn sowie die beiden Tenngipfel reihen sich wie auf einer kostbaren Perlenschnur aneinander.

Talort: Fusch an der Großglocknerstraße, 813 m. Bus von Zell am See.
Ausgangspunkt: Bad Fusch, 1188 m, Kneippanlage. Zufahrt vom Römerhof in Fusch über die »Bad Fuscher Straße 4 km« zum Ausgangspunkt. Siehe Tour 55!
Höhenunterschied: 910 m.
Anforderungen: Markierter, stellenweise schmaler Steig mit einer Drahtseilpassage. Trittsicherheit und etwas Schwindelfreiheit erforderlich. In der ersten Weghälfte z.T. Almstraße. Für geübte Kinder geeignet.
Einkehr: Keine; genügend Flüssigkeit mitnehmen. Kiosk mit Jst. in Bad Fusch.

Variante: Für konditionsstarke Alpinisten mit gutem Orientierungssinn bei günstiger Witterung (»rot«): Vom Kreuzköpfl in etwa 2 Std. weglos und auf Steigspuren am Kamm ost- und südostwärts über Kühkarlkopf (2267 m), Tristenwandkopf-Südgipfel (2228 m) und Freudenendkopf (2222 m) in die Scharte (2148 m) vor dem Breitebenkopf (für Gipfelsammler auch noch zum Breitebenkopf und auf die Weixelbachhöhe). Von der Scharte westwärts in weiteren 2 Std. zuerst auf einem Steig (Nr. 2), dann auf einem Almsträßchen nach Bad Fusch hinab.

Am Kreuzköpfl stiehlt das Wiesbachhorn (Mitte) dem Großglockner (3. v. li.) die Schau.

In **Bad Fusch (1)** (Hubertuskapelle, Heilwasser-Brunnen) gehen wir zur Brücke zurück. Hinter dieser zweigt rechts der Steig »2 F« zum Kasereck und Kreuzköpfl ab. Er zieht an einer Baumreihe entlang über eine Wiese, dann durch Wald zu einem kleinen Wasserfall und unmittelbar davor links (!) über den Bach zu einer Wildfütterung hinauf, hinter der eine grasige Schneise zu einem Almsträßchen hinaufleitet und in einigen bequemen Schleifen aufs **Kasereck (2)** führt. Hier geht's rechts ab. Wir folgen einem schütter bewaldeten Grasrücken ostwärts, überwinden hinter einem Waldstreifen eine steile Gratpassage (Drahtseil), gelangen über einen freien, unschwierigen Rücken zu einer Vorkuppe und links zum **Kreuzköpfl (3)**. **Abstieg** wie Aufstieg.

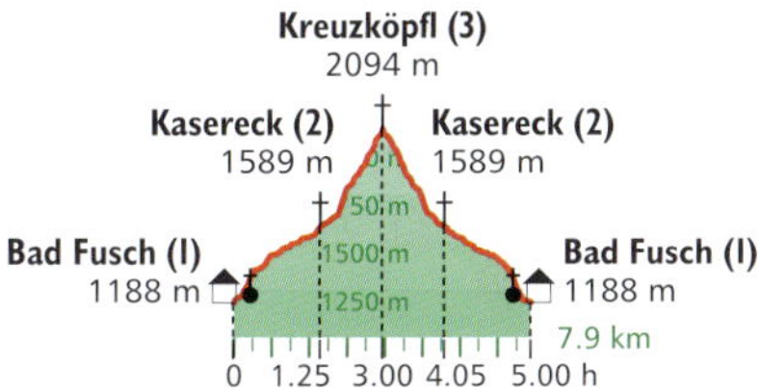

Rundtouren und Durchquerungen

Die Höhe einiger Ziele und die langen Täler auf der Nordseite der Hohen Tauern bringen es zwangsläufig mit sich, dass manche Touren mehr als einen Tag in Anspruch nehmen. Als Ergänzung solcher Wanderungen werden hier noch fünf mehrtägige Rundtouren bzw. Durchquerungen des Nationalparks angefügt. Soweit Teilabschnitte davon bereits beschrieben sind, wird nur darauf verwiesen, soweit es sich um neue Streckenabschnitte handelt, werden diese in ausreichender Weise vorgestellt. Die Schwierigkeit ist aus der Farbgebung der jeweiligen Tour ersichtlich. Die Auflistung der Rundtouren bzw. Durchquerungen erfolgt von West nach Ost.

1 Kleine Krimmler Runde

1. Tag: Krimml – Breite Scharte – Leitenkammersteig – Trisslalm – Finkau (900 m Anstieg, 500 m Abstieg, 5 Std.). Da die Finkau auch mit dem Pkw erreichbar ist – siehe Tour 1 –, starten viele dort; für den Rückweg von Krimml in die Finkau ist dann allerdings ein zweites Auto bzw. Taxi erforderlich.
2. Tag: Finkau – Wildgerlostal – Trisslalm – Zittauer Hütte/Unterer Gerlossee (siehe Tour 1, 920 m Anstieg, 3½ Std.).
3. Tag: Zittauer Hütte – Oberer Gerlossee – (Roßkopf) – Roßkarscharte – Richterhütte (zum Roßkopf siehe Tour 2, 360 m Anstieg bis Roßkarscharte, ca. 520 m bis Roßkopf, dann 460 m bzw. 620 m Abstieg am Peter-Obholzer-Weg, zuletzt 150 m Anstieg zur Richterhütte, ca. 3½ Std., mit Roßkopf gut 4 Std.). An der Roßkarscharte ostseitig kurzer, erdiger Abstieg, links unter Plattenschüssen hindurch (Seil, Altschneefeld), auf der linken Seite des Roßkars im Uhrzeigersinn auf einen Boden hinab. Nun auf die rechte Seite des Kares zur Roßkarlacke. Hinter einem Rücken steile Grashänge querend ins Rainbachtal hinab. Über einige Wasserläufe hinweg zum Materialaufzug der Richterhütte und wie Tour 8 zur Unterkunft hinauf.
4. Tag: Richterhütte – Krimmler Tauernhaus – Krimmler Achental – Wasserfälle – Krimml (siehe Touren 8 und 6, 1300 m Abstieg bis Krimml, 5 – 5½ Std., nur 750 m Abstieg bis Krimmler Tauernhaus, 2 Std.). Vom Tauernhaus nach Krimml besteht Fahrmöglichkeit mit einem Nationalpark-Taxi (ca. 13 km). Wenn man seine Rundtour in Krimml beginnt, kann man diese genauso gut in Gegenrichtung durchführen. Als kürzere, aber wesentlich schwierigere Variante bietet sich der Übergang von der Zittauer Hütte über die Rainbachscharte und den Rainbachsee zum Krimmler Tauernhaus an (siehe Tour 7 und Variante zu Tour 7, 400 m Anstieg, 1100 m Abstieg bis Tauernhaus, ca. 4 Std., Schwierigkeit »schwarz«, sehr steiler und auch luftiger Abstieg, hinter der Scharte zuerst über Felsgelände, dann über steile, häufig harte Firnfelder entlang eines Fixseiles).

2 Große Krimmler Runde

1. Tag: Krimml – Wasserfallweg – Achental – Krimmler Tauernhaus (siehe Tour 6, 550 m Anstieg, ca. 13 km, 3½ Std.).
2. Tag: Krimmler Tauernhaus – Innerkeesalm – Warnsdorfer Hütte – evtl. noch Gamsspitzl und zurück (siehe die Touren 12 und 13, 700 m Anstieg, ca. 4 Std. bis zur Warnsdorfer Hütte, weitere 550 m und zusätzlich 3 Std. zum Gamsspitzl und zurück).
3. Tag: Warnsdorfer Hütte – Birnlückenhütte (siehe die Touren 12 und 10, 650 m Anstieg, 550 m Abstieg, 3½ Std.).
4. Tag: Birnlückenhütte – Lausitzer Weg – Krimmler Tauern – Kesselweg – Fritz-Pungs-Weg – Westliche Windbachscharte – Richterhütte (siehe Tour 11, ca. 700 m Anstieg, knapp 800 m Abstieg, ca. 6½ Std.). Die vierte Etappe ist die schwierigste, sie erfordert besonders vor der Westlichen Windbachscharte auf steilem, z.T. brüchigem und grasigem Gelände alpine Erfahrung, Trittsicherheit und Schwindelfreiheit. Nördlich des Krimmler Tauern zweigt beim Schusterkreuzl der Kesselweg links in Richtung Plauener und Richterhütte ab. Er führt ab- und ansteigend durch den Oberen Kessel und dann unterm Eissee vorbei (Abstecher dorthin beschildert, 100 Hm, ¼ Std. Anstieg. Die ehemalige »Mini-Arktis« ist leider abgeschmolzen). Der Fritz-

Das Rainbachtal, ein Glanzpunkt des Nationalparks Hohe Tauern.

Das Achental beim Krimmler Tauernhaus (Nationalpark Außenzone).

Pungs-Weg quert nun weite Karmulden und muss vor der Windbachscharte ab- und ansteigend eine unangenehme Steilflanke meistern, die bei Nässe oder gar Vereisung problematisch sein kann (nur z.T. Drahtseilsicherung). Hinter der Scharte geht es durch eine kurze Rinne, dann über Blockhänge (Altschneereste) zur Richterhütte hinab. Dort kann man vor der Tour Auskunft über den kritischen Wegabschnitt einholen (Tel. +43 664 3704908).

5. Tag: Richterhütte – Roßkarscharte – Zittauer Hütte (siehe Tour 2 und 3. Etappe der Kleinen Krimmler Runde in Gegenrichtung, ca. 470 m Anstieg, ca. 520 m Abstieg, 3½ Std.).

6. Tag: Zittauer Hütte – Trisslalm – Leitenkammersteig – Breite Scharte – Krimml (siehe Tour 1 und die ersten beiden Etappen der Kleinen Krimmler Runde in Gegenrichtung, ca. 400 m Anstieg, 1650 m Abstieg, 5½ Std.). Als schwierigere Variante der sechsten Tagesetappe können sich konditionsstarke Geher den Übergang Trisslalm – Leitenkammersteig – Wildkar Hochalm – Wildkarsee – Seekarscharte – Seekarsee – Krimml vornehmen (siehe die Touren 3 und 4, ca. 950 m Anstieg, 2250 m Abstieg, ca. 7½ Std.).

3 Vom Habachtal ins Hollersbachtal

1. Tag: Habachklause – Gasthof Alpenrose – Neue Thüringer Hütte (siehe Touren 26 und 27, 1400 m Anstieg von der Habachklause, nur 850 m vom Gasthof Alpenrose, ca. 5 Std. bzw. 2½ Std. jeweils über Noitroi. Bis Gasthof Alpenrose besteht Fahrmöglichkeit mit Nationalpark-Taxi).
2. Tag: Neue Thüringer Hütte – Larmkogelscharte – Larmkogel – Larmkogelscharte – Neue Fürther Hütte (siehe Tour 32, je 800 m An- und Abstieg, 4 Std.).
3. Tag: Neue Fürther Hütte – Hollersbachtal – Hollersbach (siehe Tour 31, ca. 1500 m Abstieg, ca. 100 m Gegenanstieg, 4½ Std., Rückfahrmöglichkeit ab Materialaufzug der Fürther Hütte mit Nationalpark-Taxi). Bei entsprechender Kondition und Höhenakklimatisation wird die Rundtour bei zweimaliger Inanspruchnahme eines Zubringerdienstes auch an einem Tag durchgeführt (Gehzeit 7½ – 8 Std.).

Idyll am Oberen Gerlossee – hinten die Reichenspitzgruppe.

Der Blessachkopf, eine imponierende Berggestalt vom Blickwinkel des Larmkogel.

4 Enzingerboden – Mooserboden – Kaprun

1. Tag: Enzingerboden – (Wiegenwald) – Grünsee – (Niedere Scharte – Schafbichl) – Rudolfshütte (siehe Touren 39 und 42, je nach Route 900 bis 1050 m Anstieg, bis zu 100 m Abstieg, 4 – 6 Std.).
2. Tag: Rudolfshütte – Tauernmoossee – Kapruner Törl – Mooserboden – Fürther Moaralm (s. Tour 43, 600 m Anstieg, ca. 950 m Abstieg, 6½ Std.).
3. Tag: Fürther Moaralm – Hohe Kammerscharte – Alpincenter – Krefelder Hütte (alpiner Steig, schwierigste Stellen mit Fixseilen gesichert, ca. 900 m Anstieg, ca. 350 m Abstieg, 4½ Std.).

4. Tag: Krefelder Hütte – Alexander-Enzinger-Weg – Gasthaus Glocknerblick – (Maiskogelbahn) – Kaprun (siehe Tour 45 in Gegenrichtung, gut 50 m Anstieg, ca. 850 m Abstieg bis Maiskogelbahn-Bergstation, ca. 1500 m Abstieg bis Talstation, 2½ Std.bis Maiskogelbahn, 4 Std. bis Kaprun. Rückfahrt zum Enzingerboden: Mit Bus nach Fürth, dort umsteigen nach Uttendorf und zum Enzinger Boden (Auskunft Tel. +43 6542 54440). Von der Krefelder Hütte könnte man unter günstigen Bedingungen und bei ausgeprägter alpiner Erfahrung, Trittsicherheit und Schwindelfreiheit am anspruchsvollen Krefelder Weg zum Enzinger Boden zurückkehren (Schwierigkeit »schwarz«, ca. 6 Std. Über den Wegzustand vorher Auskunft einholen; die Autoren haben den alpinen Steig nicht vollständig erkundet!).

5 Tauern-Höhenweg

Ein Unternehmen ganz besonderer Art stellt der Tauern-Höhenweg etwa entlang der Scheitellinie des Alpenhauptkammes dar, den Hans Führer in einem gleichnamigen Buch im Bergverlag Rother vorstellt.

Am Tauernmoossee zwischen Rudolfshütte und Kapruner Törl.

Stichwortverzeichnis